GOUVERNEMENT GÉNÉRAL
DE L'AFRIQUE OCCIDENTALE FRANÇAISE

RAPPORT D'ENSEMBLE

SUR LA

SITUATION GÉNÉRALE

DE LA

GUINÉE FRANÇAISE

EN 1902

PARIS
IMPRIMERIE FIRMIN-DIDOT ET Cie
56, RUE JACOB

1903

RAPPORT D'ENSEMBLE

SUR LA

SITUATION GÉNÉRALE

DE LA

GUINÉE FRANÇAISE

EN 1902

RAPPORT D'ENSEMBLE

SUR LA

SITUATION GÉNÉRALE

DE LA

GUINÉE FRANÇAISE

EN 1902

FINANCES

Pour l'exercice 1902, le Budget ordinaire avait été arrêté en recettes et en dépenses à la somme de 3.430.000 francs.

Il résulte du compte définitif arrêté au 30 juin 1903 que :

Les recettes ordinaires se sont élevées à...........	4.960.110 fr. 71
Et les dépenses ordinaires à............................	4.833.176 fr. 12
Soit un excédent de recettes de.................	126.934 fr. 59

Le Budget extraordinaire de l'exercice 1902, pour la construction du chemin de fer de Conakry au Niger, avait été arrêté, tant en recettes qu'en dépenses, à la somme de 6.000.000.

Le compte définitif pour ce service a accusé :

Recettes...	8.895.477 fr. 42
Dépenses..	6.861.058 fr. 90
D'où un reliquat de recettes de..........	2.034.418 fr. 52

qui a été versé à la Caisse de réserve pour être ensuite prélevé sur cette Caisse au profit du budget affecté à la construction du chemin de fer.

La comparaison des recettes des deux derniers exercices fournit les constatations suivantes :

	1901	1902	EXCÉDENT EN FAVEUR de 1901	EXCÉDENT EN FAVEUR de 1902
RECETTES ORDINAIRES. — Chap. I. Contributions directes.				
Impôt de capitation	1.920.328 93	2.550.170 16	»	629.841 23
Patentes	113.725 »	111.756 65	1.968 35	»
Droit proportionnel	57.052 39	70.538 62	»	13.486 23
TOTAUX	2.091.106 32	2.732.465 43	1.968 35	643.327 46
A déduire				1.968 35
Reste en excédent en faveur de 1902				641.359 11
Chap. II. — Contributions indirectes.				
Importation	8.426 39	8.711 85	»	285 46
Exportation	519.945 56	551.127.10	»	31.181 54
Consommation	569.252 87	717.105 91	»	147.853 04
Navigation	8.899 87	9.074 08	»	174 21
Amendes et saisies	5.133 70	7.122 24	»	1.988 54
TOTAUX	1.111.658 39	1.293.141 18	»	181.482 79
A déduire				
Reste en excédent en faveur de 1902				181.482 79
Chap. III. — Divers produits.				
Enregistrement	1.339 »	6.210 85	»	4.871 85
Greffe	744 »	1.008 05	»	264 05
Poste	22.204 66	20.325 52	1.879 14	»
Télégraphe	25.727 29	31.761 05	»	6.033 76
Droits sur mandats métropolitains	4.341 »	2.360 80	1.980 20	»
— — coloniaux	3.249 99	12.046 70	»	8.796 71
Amendes judiciaires	335 »	863 »	»	528 »
Magasinage	534 95	207 26	327 69	»
Poudrière	»	498 49	»	498 49
Imprimerie	3.203 60	3.884 55	»	680 95
Hôpital	9.441 40	9.423 50	17 90	»
Flottille locale	3.614 25	16.053 45	»	12.439 20
Decauville et grues	5.945.44	12.488 35	»	6.542 91
Jardins	»	2.437 20	»	2.437 20
Recettes accidentelles	24.415 48	160.496 33	»	136.080 85
TOTAUX	105.096 06	280.065 10	4.204 93	179.173 97
A déduire				4 204 93
Reste en excédent en faveur de 1902				174.969 04
Chap. IV. — Recettes à divers titres.				
Recettes à divers titres	456.600 82	654.439 »	»	197.838 18
Chap. V. — Recettes en atténuation des dépenses				
Recettes en atténuation des dépenses	»	»	»	»

	de 1901	de 1902	Excédent en faveur de 1901	Excédent en faveur de 1902
Recettes extraordinaires. — Chapitre unique : Chemin de fer				
Réalisation, 3e partie : emprunt du 18 octobre 1899.	4.136.527 42	1.830.270 38	2.306.257 04	»
Réalisation : emprunt du 15 juil. 1901.	»	4.000.000 »	»	4.000.000 »
Recettes sur exercice clos.	1.258.664 93	3.065.207 04	»	1.806.542 11
Recettes en atténuation de dépenses.	»	»	»	»
Totaux.	5.395.192 35	8.895.477 42	2.306.257 04	5.806.542 11
A déduire	. . . . . .	. . . .	. . . . .	2.306.257 04
Reste en excédent en faveur de 1902.	. . . . . .	. . . . . .	. . . . .	3.500.285 07
Récapitulation. — Recettes ordinaires.				
Chap. Ier. Contributions directes . .	2.091.106 32	2.732.465 43	»	641.359 11
Chap. II. — indirectes.	1.111.658 39	1.293.141 18	»	181.482 79
Chap. III. Divers produits.	105.096 06	280.065 10	»	174.969 04
Chap. IV. Recettes à divers titres .	456.600 82	654.439 »	»	197.838 18
Chap. V. Recettes en atténuation de dépenses.	»	»	»	»
Totaux.	3.764.461 59	4.960.110 71	»	1.195.649 12
Recettes extraordinaires.				
Recettes pour la construction du chemin de fer	5.395.192 35	8.895.477 42	»	3.500.285 07
Totaux généraux. . .	9.159.653 94	13.855.588 13	»	4.695.934 19

Les tableaux suivants, indiquant par circonscription administrative les sommes recouvrées au titre de l'impôt de capitation des indigènes, au titre des patentes et au titre des droits de circulation, complètent les données sur les recettes réalisées en 1902 :

Désignation des Cercles de la Colonie	Montant brut des recouvrements	Montant des parts de chefs	Montant net part du service local
Labé	771.660 24	222.644 00	549.016 24
Koussi.	221.200 00	29.496 00	191.724 00
Timbo.	239.040 00	47.702 00	191.338 00
Koïn	163.492 50	21.783 00	141.709 50
Ditinn.	147.982 50	19.731 00	128.251 50
Kankan	130.653 00	6.461 10	124.191 90
Dubréka.	165.670 00	43.843 00	121.827 00
Mellacorée.	154.688 00	37.549 00	117.139 00
Friguiagbé.	159.220 00	43.409 50	115.810 50
Beyla.	113.034 80	»	113.034 80
Siguiri	118.070 44	6.053 81	112.016 63
Faranah.	110.164 00	5.174 10	104.989 90
Kouroussa.	104.815 00	5.256 05	99.558 95
Dinguiraye	97.929 00	4.896 45	93.032 55
Kadé	116.417 00	31.416 00	85.001 00
Rio Nunez.	105.190 00	20.422 00	84.768 00
Rio Pongo.	112.960 00	28.240 00	84.720 00
Kissidougou.	58.283 18	»	58.283 18
Ouassou.	26.630 00	6.822 49	19.807 51
Boussourah	19.621 60	5.671 60	13.950 00
Totaux	3.136.741 26	586.571 10	2.550.170 16

Produit des patentes.

Désignation des centres de perception.	Montant Fr. c.
Conakry	40.625 —
Boké	16.156 65
Dubréka	14.370 —
Boffa	11.580 —
Benty	10.910 —
Coyah	7.410 —
Kankan	4.300 —
Kouroussa	2.780 —
Figuiri	2.265 —
Friguiagbé	550 —
Dinguiraye	300 —
Koussi	260 —
Beyla	150 —
Kissidougou	100 —
TOTAL	111.756 65

Produit des droits de circulation.

Désignation des centres de perception.	Montant Fr. c.
Beyla	27.564.25
Siguiri	17.316.48
Kadi	6.842.03
Friguiagbé	4.322 —
Faranah	3.847.37
Kissidougou	2.886.80
Boussourah	1.858.55
Kankan	1.682 —
Boké	1.437.27
Kouroussa	1.045.23
Benty	511.77
Labé	481.25
Dinguiraye	448.75
Koïn	163.12
Ouassou	131.75
TOTAL	70.538.62

Le tableau suivant permet de comparer les dépenses réellement effectuées avec les prévisions inscrites aux Budgets ordinaires et extraordinaires :

NOMENCLATURE DES CHAPITRES	PRÉVISIONS BUDGÉTAIRES	DÉPENSES EFFECTUÉES	EXCÉDENT DE DÉPENSES	EXCÉDENT DES PRÉVISIONS
Dépenses ordinaires.				
Chap. I. Dettes exigibles.	400.000 »	408.952 06	8.952 06	»
Chap. II. Services administratifs. .	679.994 »	764.441 42	84.447 42	»
Chap. III. Services financiers. . . .	478.619 »	502.659 57	24.040 57	»
Chap. IV. Divers services.	215.859 »	249.267 56	33.408 56	»
Chap. V. Travaux publics.	1.398.881 »	2.411.480 43	1.012.599 43	»
Chap. VI. Flottille locale.	92.930 »	164.460 60	71.530 60	»
Chap. VII. Frais voyage et transport.	79.200 »	203.141 52	123.941 52	»
Chap. VIII. Dépenses diverses . . .	84.517 »	98.964 08	14.447 08	»
Chap. IX. Dépenses des exercices clos	»	29.808 88	29.808 88	»
Chap. X. Avances aux agents spéciaux	»	»	»	»
Chap. XI. Provision en France. . .	»	»	»	»
Chap. XII. Dépenses de colonisation.	»	»	»	»
	3.430.000 »	4.833.176 12	1.403.176 12	»
Dépenses extraordinaires.				
Construction du chemin de fer. . .	6.000.000 »	6.861.058 90	861.058 90	»
Totaux.	9.430.000 »	11.694.235 02	2.264.235 02	»

De ces divers documents financiers, il ressort que les dépenses relatives aux travaux ordinaires, y compris la conduite d'eau, représentent presque exactement 50 % des dépenses totales du budget. Encore y a-t-il lieu de remarquer que la somme de 408.952 francs qui figure dans ces dépenses au titre : « Dettes exigibles » et qui représente les annuités des emprunts contractés pour la construction du chemin de fer, peut être légitimement rangée dans la catégorie des dépenses de travaux.

On peut en conclure que la Guinée française s'administre avec deux millions sur un budget qui semble devoir se consolider à un chiffre total minimum de 4 millions 1/2; la différence, soit 2 millions 1/2, peut être entièrement consacrée à son outillage ou à des travaux d'utilité publique.

SERVICE DES DOUANES

SITUATION ÉCONOMIQUE, COMMERCE, AGRICULTURE, NAVIGATION, RECETTES, STATISTIQUES

L'année 1901 avait, au point de vue économique, donné de si mauvais résultats, que, même parmi les personnes les mieux au courant des ressources du pays et connaissant bien sa vitalité il y eut une réelle anxiété, et les opinions optimistes, quant à l'avenir de la Colonie, n'étaient souvent accueillies qu'avec beaucoup de réserves.

Les conclusions que l'on doit tirer des statistiques présentées plus loin, et dont les chiffres dépassent ce que l'on était en droit de prévoir, surtout pour un exercice commencé sous de si fâcheux auspices, prouvent que la Guinée, si elle n'est pas une très grande Colonie, est cependant un pays dont la prospérité n'a rien de factice. Une terrible crise commerciale qui a duré trois années ne l'a point épuisée, et au moment où les documents statistiques actuels ont pu être recueillis et coordonnés c'est-à-dire dans les premiers mois de 1903, on pouvait affirmer en toute sécurité que jamais une activité commerciale semblable n'avait été atteinte.

Il est incontestable qu'un concours heureux de circonstances a favorisé le commerce guinéen en Europe, mais il ne faut pas hésiter à proclamer que la plus grande part de cette prospérité commerciale remarquable est due aux efforts combinés de l'Administration et du commerce, pour agir avec une grande énergie et une parfaite entente, en vue de faire face au danger provenant de la crise commerciale, et qui menaçait de ruiner la Colonie.

Tant que cette heureuse collaboration sera maintenue, et tou fait prévoir qu'il en sera ainsi, on peut prévoir la continuation de l'état de choses actuel.

Indépendamment de la réglementation des transactions habituelles, il faut mentionner parmi les causes qui ont contribué au relèvement des affaires, l'activité avec laquelle les grands travaux en cours d'exécution, le chemin de fer et la conduite d'eau, ont été poussés. Par les salaires qui ont été répandus dans la population indigène, le payement de l'impôt de capitation a été facilité dans certaines provinces pauvres, et dans d'autres ils ont permis des achats importants de marchandises pendant l'hivernage 1902, et ainsi aidé à l'épuisement des stocks emmagasinés à Conakry depuis trois ans, et qui pesaient lourdement sur la situation des négociants de la place.

RÉSULTATS STATISTIQUES DE L'EXERCICE 1902

Le rapport général de l'année dernière a exposé comment le commerce avait été très péniblement affecté par une stagnation presque complète des affaires résultant de la diminution de la capacité d'achat des indigènes, diminution consécutive à une baisse des cours du caoutchouc.

Ce produit constituant, en somme, l'unique ressource des Noirs de l'intérieur en tant que marchandise d'échange, et sa valeur à l'exportation ayant baissé de 50 % sur les chiffres de 1899, une crise grave était devenue absolument inévitable.

Les derniers mois de 1901 furent marqués par une légère reprise dans l'exportation des caoutchoucs et par un relèvement sensible des cours, et les maisons de commerce qui jouissent de la faveur des indigènes, qui sont à la mode, pourrait-on dire, firent des ventes assez importantes pour que leur fonds de roulement en espèces fût sensiblement augmenté, et elles en éprouvèrent un réel soulagement.

Toutefois, la masse des populations indigènes fut lente à reprendre confiance, et elle crut assez difficilement que la période des cours élevés était revenue. Elle ne fut vraiment persuadée que lorsqu'elle vit les prix se maintenir à 7 francs, puis à 7 fr. 50 le kilo, et passer ensuite à 8 francs et enfin à 8 fr. 50 dans les derniers mois de l'année.

Alors, comme en 1899, on vit les gens des villages les plus éloignés, les plus perdus au fond de la brousse sauvage des montagnes, se livrer avec ardeur à la recherche du caoutchouc, s'enfoncer pour trouver de nouvelles lianes dans des cantons déserts; puis, la récolte faite, descendre par petits groupes, formant bientôt par leur succession des files interminables dans la direction des villes de traite, Conakry, Dubréka et Boké.

Mais, si la confection des boules de caoutchouc est un travail peu pénible, elle demande beaucoup de temps, et des centaines de kilomètres séparent de la côte les régions productrices de lianes, de telle sorte que les fortes exportations n'ont commencé que vers la fin de l'année; bien que d'importantes récoltes aient déjà été faites, et nous ne constaterons leur influence sur les affaires extérieures que dans le cours de l'année prochaine.

Toutefois, le mouvement des sorties, pendant les derniers mois de l'année, a pris une assez grande importance pour que l'exercice se termine par un excédent en poids de 120 tonnes de caoutchouc sur l'année précédente; quant aux valeurs, la différence est infiniment plus forte, car le caoutchouc qui ne valait que 5 fr. 50 en moyenne pour 1901 — et cette estimation est même peut-être un peu forte — est coté au prix moyen de 7 fr. 50 en 1902. Il en résulte un excédent de près de 3.000.000 de francs aux valeurs exportées, et c'est à cet excédent qu'est dû, en très grande partie le retour de la prospérité des affaires que nous sommes heureux de constater.

En somme, l'exercice 1902 se termine par les chiffres suivants établissant en valeur le mouvement commercial :

Importations..	13.723.564 fr.,	dont 3.230.000 attribuables aux grands travaux.
Exportations..	11.374.389.	
Soit......	25.097.953	francs en commerce général.

Si nous rapprochons de ces chiffres ceux de l'exercice précédent, nous trouvons :

Importations..	7.754.587 fr.,	dont 118.000 attribuables aux grands travaux.
Exportations..	8.668.690.	
Soit......	16.423.277	francs en commerce général.

L'année 1902 présente donc un excédent de 8.674.676 francs sur l'année précédente, et si nous faisons abstraction des importations destinées à la conduite d'eau et au chemin de fer, l'augmentation uniquement attribuable au commerce avec les indigènes, à la traite, reste de 5.560.000 francs, soit 35 % d'augmentation sur les chiffres de 1901.

L'accroissement a porté d'une façon à peu près égale, pour 3 millions environ, sur les importations et sur les exportations, d'où il résulte que les ventes de produits par les Noirs ont été balancées par des achats de marchandises. Les réserves du commerce local étaient donc épuisées, et les prévisions du rapport de l'année dernière qui indiquait comme date probable d'épuisement du stock de marchandises d'Europe la fin de 1902, se trouvent ainsi confirmées.

LE COMMERCE DU CAOUTCHOUC

En Guinée, comme dans tout l'Ouest Africain, l'activité commerciale dépend uniquement des profits que les Noirs peuvent tirer des produits du sol, puisqu'ils ne possèdent pas de ressources minières, que les plantations débutent seulement, et qu'il n'y a pas d'industries autres que celles motivées par les besoins journaliers, très peu compliqués d'ailleurs, des populations.

Notre Colonie, malgré le succès partiel des tentatives faites par l'Administration pour multiplier les produits exportables, a pour ressource majeure et prépondérante le caoutchouc. Ce produit est d'une récolte facile, mais lente; les lianes qui le produisent ne sont pas en nombre illimité, et leur zone de croissance ne comprend que le Fouta et la région non accidentée du Haut Niger. On ne peut donc pas escompter l'augmentation indéfinie des quantités exportées, car la mise en valeur des régions inexploitées compense simplement la diminution de production de celles qui sont épuisées temporairement par des saignées trop abondantes pratiquées sur leurs landolphias.

D'ailleurs, la principale difficulté à résoudre est celle de la main-d'œuvre. Il faut à un Noir plus d'une demi-journée pour préparer une boule de 100 grammes, et l'on ne peut consacrer à cette récolte que le temps qui reste disponible, lorsqu'on a terminé les travaux des champs et effectué les corvées.

D'autre part, les besoins de la population exigent que l'on se rende à la côte pour acheter des tissus, du sel, etc. ; le Noir n'est jamais pressé, et quand il porte pour lui, ou pour un patron indigène, sa charge dépasse bien rarement 12 kilos à la descente, et 20 kilos au retour. Les femmes qui font partie des caravanes, en nombre sans cesse croissant, portent du matériel de cuisine et des vivres, mais bien rarement des marchandises, et jamais de caoutchouc.

Les travailleurs qui restent disponibles dans les villages sont donc en nombre très limité, et c'est le peu de densité de la population jointe à la difficulté des transports, qui fait, plus encore que la rareté relative des lianes, que si la production en poids du caoutchouc peut progresser de quelques centaines de tonnes, ce résultat ne sera atteint que lentement, la progression, au surplus, n'étant pas indéfinie.

Un seul moyen s'offrait donc d'augmenter le mouvement commercial : faire hausser la valeur du produit exporté, puisque la quantité ne pouvait en être que très peu modifiée.

C'est le but qui fut poursuivi lorsque l'administration prohiba radicalement la sortie des caoutchoucs impurs ou mal préparés. Dans les rapports précédents, il a été longuement exposé par quelles considérations l'Administration fut amenée à prendre des mesures considérées parfois comme draconiennes, et qui furent au début vivement combattues.

L'Administration dut déployer la plus grande énergie et une véritable obstination pour ne pas se laisser forcer la main par certains négociants, détenteurs de produits de rebut, qui essayèrent de tous les moyens pour obtenir l'autorisation de les exporter.

Cette année, nous recueillons les bénéfices de cette politique, et elle ne rencontre pas de plus chauds défenseurs que ses adversaires d'il y a deux ans.

Le caoutchouc de Guinée fait prime en Europe ; il a atteint et même dépassé les cours du para qui est considéré comme la première qualité du monde. Cette situation n'a rien de factice, mais est bien un résultat définitivement acquis, car les prix se maintiennent depuis un an, et les cours du caoutchouc de Conakry suivant, à quelques centimes près, ceux du para, restent supérieurs à ceux des autres qualités africaines.

On nous a objecté que tous les caoutchoucs avaient été l'objet d'une hausse sur les marchés d'Europe, et que les cours étaient exceptionnellement élevés pour des raisons d'ordre général, et indépendantes de notre action.

Cet argument est sans valeur, car l'Administration a cherché, non pas à obtenir un prix déterminé pour les produits locaux, mais bien un classement de choix. Bien que les prix obtenus en ce moment ne soient pas absolument anormaux, il n'est pas contestable qu'une baisse est possible, mais elle ne saurait être impressionnante.

Le caoutchouc de Guinée était coté autrefois 2 à 3 francs par kilo moins cher que le para, et cette différence a aujourd'hui disparu; il est maintenant classé, nous l'avons dit, avant les autres qualités africaines, et il se vendra toujours de préférence à celles-ci. Étant donnée l'importance du marché, nos exportateurs ont donc la certitude de ne pas rester encombrés par des stocks importants qui, en restant invendus, s'avarient, et coûtent un gros intérêt d'argent; de plus, ils savent que leurs ventes se feront aux meilleures conditions des marchés.

Ce résultat récompense l'administration de la Guinée de ses longs efforts, mais pour en maintenir le succès, il est indispensable de veiller à ce que les mesures qui lui ont donné naissance soient strictement exécutées, et que le plomb de la douane de Conakry continue à être, pour les acheteurs, une garantie absolue de la bonne qualité des produits. Ce serait une erreur de croire que parce que les indigènes ont pris l'habitude de fournir des caoutchoucs de bonne qualité, ils continueraient à le faire d'eux-mêmes et sans contrôle.

Ils n'ont pas compris, en effet, la raison des ordres du Gouvernement, mais ils s'y sont soumis par suite de l'impossibilité dans laquelle ils se sont trouvés de les éluder. Ils en ont vu depuis les heureux résultats, mais leur habitude de tout frauder est telle, que la surveillance une fois relâchée, ils recommenceraient à apporter des produits altérés, sans se soucier des conséquences de leurs actes au point de vue de l'intérêt général. Après trois mois de ce régime, nos produits seraient à nouveau dépréciés, et il serait bien difficile de leur faire regagner sur le marché le rang qu'ils auraient perdu.

AUTRES PRODUITS

Parmi les produits secondaires dont l'Administration s'est efforcée de rendre l'exploitation ou la culture plus considérables, afin de créer à la région côtière des ressources indépendantes du caoutchouc, trois des plus importants sont les graines oléagineuses : arachides, sésames et palmistes, dont l'exportation est en progrès notable.

En effet, en rapprochant les données des statistiques qui sont produites à l'appui de ce rapport, nous obtenons les chiffres suivants.

Années.	*Palmistes.*	*Arachides.*	*Sésames.*
1899........	413.337	133.474	25.353.
1900........	476.909	118.520	40.336.
1901........	560.892	132.821	67.228.
1902........	578.776	184.567	75.402.

Les bananes qui n'avaient pas encore donné lieu à des opérations commerciales, figurent à l'exportation, sur les statistiques de 1902, pour une somme de 438 francs représentant 219 régimes ; ce chiffre augmentera considérablement pendant l'année 1903, si l'on en juge par les quantités déjà sorties à l'heure actuelle.

Les palmistes, amandes contenues dans le fruit de l'*Eleis,* palmier indigène, sont produits sans aucune culture. Les Noirs les recueillent et en concassent les coques après avoir extrait l'huile de palme de la pulpe rouge qui les entoure. Les palmiers sont moins abondants en Guinée que dans les régions plus méridionales comme Sierra-Leone ou la Côte d'Ivoire, mais néanmoins on n'exporte pas tout ce qui croît sur notre territoire et une certaine quantité d'amandes se perd.

C'est sur les palmistes que l'essai d'obliger les indigènes à apporter des produits débarrassés d'impuretés a été tenté pour la première fois en 1901, et c'est le succès obtenu par cette expérience qui a fait généraliser la mesure, ultérieurement étendue au caoutchouc, puis à la gomme, et qu'il faudra peut-être appliquer aux arachides et aux sésames.

Une hausse du prix d'achat résultant de l'amélioration des lots apportés aux factoreries a été suivie de la hausse générale des graines oléagineuses, et les prix avantageux obtenus ont fait augmenter la production. On peut en espérer un nouvel accroissement, car l'administration est décidée à forcer les détenteurs des forêts de palmiers du Bas Nunez à laisser récolter les fruits des arbres de leur territoire par les tribus voisines, s'ils ne veulent les utiliser eux-mêmes; jusqu'ici ils s'étaient refusés à en permettre l'accès à d'autres.

Les sésames et les arachides subissent un accroissement analogue à celui des palmistes, mais dû à des causes différentes.

L'Administration a fait tous ses efforts pour secouer la nonchalance des Soussous et leur faire donner à ces cultures l'extension qu'elles avaient autrefois. Elle y a partiellement réussi.

Malheureusement, on sait qu'il y eut en Europe, au cours de l'année dernière, une crise sur les graines oléagineuses qui atteignirent des prix exceptionnellement élevés. On en vint à payer à Conakry 300 francs la tonne d'arachides, alors qu'en année moyenne, elle vaut de 125 à 140 francs. On peut craindre que les années prochaines, les Noirs qui ne comprennent rien aux variations de cours, se refusent à livrer leurs graines aux prix normaux, et qu'ils renoncent à ces cultures, dans la croyance qu'ils sont l'objet d'une spéculation de la part du commerce.

On peut regretter qu'un autre fruit oléagineux, le lamy, ait disparu de nos exportations. Les essais tentés sur cette graine en 1901 avaient été si concluants, que les maisons qui l'avaient payée à Conakry au prix des arachides, ont réalisé des bénéfices de 60 %. Mais les Noirs ont une assez grande répugnance pour tout ce qui est nouveau, et pour les amener à récolter le lamy dont la Colonie peut produire annuellement de 2 à 3.000 tonnes, une pression morale énergique sur les chefs eût été indispensable.

La gomme copal est un des produits les plus anciennement exploités à la côte d'Afrique; elle a été autrefois exportée en assez grandes quantités pour venir immédiatement après les arachides, par ordre d'importance. Actuellement, elle se maintient péniblement dans des chiffres variant de 150 à 200 tonnes. Cette résine est cependant loin d'être sans valeur, et notre prix d'estimation à la mercuriale de 150 francs les 100 kilogrammes est de beaucoup inférieur à sa valeur réelle.

En année normale, on peut en effet payer la bonne gomme à Conakry de 2 fr. 75 à 3 fr. 50 le kilogramme. Malheureusement le copal est sujet à des variations de cours brusques impossibles à prévoir qui rendent les négociants peu désireux de se livrer aux achats sur une grande échelle. Ces variations sont provoquées par un groupe de spéculateurs anglais qui ont monopolisé le commerce du copal, et qui font à leur gré la hausse ou la baisse.

Il est à désirer que les industriels français qui emploient ce produit s'adressent directement aux négociants de la Guinée avec lesquels il peuvent être mis en rapport par l'Office colonial. Ils rendront ainsi service à la Colonie en assurant un débouché régulier à notre copal, et eux-mêmes auront la certitude d'avoir un produit de toute première qualité. Comme pour le caoutchouc, en effet, les copals impurs, frelatés, ou contenant des matières étrangères sont prohibés à la sortie et saisis par la douane. Le plomb de la douane sur les barils d'origine constitue une garantie absolue pour les acheteurs.

Autrefois, toute la chaîne des montagnes côtières était parsemée de bouquets de gommiers copal. Des indigènes inintelligents que l'Administration a malheureusement laissé faire, en ont abattu une grande partie pour faire des champs de riz, et l'incendie a endommagé les autres. Néanmoins, si l'on veille à la conservation des arbres restant, la Colonie pourra fournir 500 tonnes de copal annuellement, surtout après l'ouverture du chemin de fer au delà de Friguiagbé.

Les bœufs sont l'objet d'un très gros commerce indigène, et alimentent une forte exportation. Nous nous trouvons cette année en présence d'un important déficit qui provient de la cessation presque absolue, pendant la seconde moitié de l'année, de la sortie des bestiaux dans la direction de la forêt libérienne; les causes de cet arrêt de transactions résident dans des mesures d'administration intérieure de la Guinée.

Cette énorme diminution de nos exportations a été en partie balancée par l'ouverture d'un nouveau débouché à nos bestiaux: une grande maison de commerce allemande, qui a son siège à Conakry et des comptoirs dans la Côte d'Or anglaise, a en effet entrepris de ravitailler de viande fraîche les centres miniers qui se sont créés à proximité des gisements aurifères, et elle embarque chaque mois cent bœufs au minimum à destination de Secundi. De là viennent ces sorties considérables reprises aux statistiques à l'article « autres pays ». Les moindres sorties sur Sierra-Leone tiennent en partie à ce que les prix élevés du caoutchouc ont permis aux Noirs de payer l'impôt de capitation sans être obligés de vendre les bestiaux auxquels ils tiennent beaucoup, et aussi à des raisons analogues à celles qui ont arrêté les bœufs allant vers Libéria.

IMPORTATIONS

Nous venons de voir que la production de la Colonie est en progrès et dans d'excellentes conditions. L'importation n'a pu que suivre une marche parallèle pour répondre aux demandes des consommateurs, et le progrès de 3 millions que les statistiques nous font constater, est très uniformément réparti sur tous les articles d'importation.

Toutefois, il porte particulièrement sur les articles de luxe, ce qui est une preuve de l'amélioration de la situation économique et de l'accroissement de la richesse publique.

Il est certain que l'exécution des grands travaux a eu une certaine influence sur la situation actuelle, mais ce serait une erreur de croire qu'il faut y voir la raison unique du progrès des importations.

Le service des douanes a réuni en un article spécial les importations motivées par les travaux, afin de faire ressortir clairement la part restant au commerce proprement dit. De ces derniers chiffres; il faudrait également retrancher une certaine quantité de riz et de matériaux qui ont été importés par des commerçants en vue de fournir des marchandises ayant fait l'objet de marchés passés sur place. Néanmoins ces quantités, relativement assez minimes, n'atteignent pas 400.000 francs, et il était matériellement impossible d'en faire un relevé exact.

Plus encore que pour les importations de marchandises, il est difficile d'estimer la somme qui a réellement profité au commerce local dans le total des salaires payés par la Colonie ou les entreprises.

La plus grande partie en effet, payée à des Européens, officiers, sous-officiers, contremaîtres, ouvriers, est ressortie de la Colonie; parmi les indigènes, les Sénégalais et les Sierra-Léonais ont également remporté dans leur pays le plus clair de leur solde. Seuls les manœuvres originaires du pays ont fait d'importants achats, mais sur les 14 millions d'emprunt qui ont été jusqu'ici affectés aux grands travaux, il ne restera certainement pas plus de 2 millions dans les mains de la population.

Néanmoins, ces salaires dont une forte partie a été versée dans le cours de 1902, grâce à l'activité avec laquelle les travaux ont été poussés, ont constitué un appoint considérable pour le commerce et lui ont rendu un service notable en facilitant l'écoulement de vieux stocks invendus.

La zone côtière, qui fournit, avec les Malinkés, la presque totalité de la main-d'œuvre nécessaire aux travaux, produit également les graines et la gomme dont l'achat a lieu en grande partie contre des boissons. Ses populations sont en partie musulmanes, mais d'un islamisme très mitigé, car bien des tribus ont résisté complètement à la pénétration des marabouts. Ces indigènes, qui sont d'ailleurs plus vigoureux que tous nos autres sujets, sont presque les seuls consommateurs des eaux-de-vie et du tabac, dans une mesure qui d'ailleurs n'a rien d'excessif, mais ces deux articles, soumis à des droits élevés, ont été consommés en abondance grâce à l'aisance de la population, et ont par suite procuré des ressources importantes au Trésor.

En revanche, le Fouta et le Haut Niger possèdent le caoutchouc, et c'est donc à ces régions que la prospérité de cette année a principalement profité. Les articles de traite qui leur sont destinés : les tissus et le sel, ont été achetés en aussi grande abondance, que le nombre des porteurs l'a permis.

Bien des chefs de caravanes, faute de porteurs, ont dû laisser en dépôt, dans les maisons qui leur ont acheté leur caoutchouc, d'assez fortes sommes d'argent, et devront revenir plus tard faire de nouveaux achats. Il en résultera un mouvement d'affaires important pendant l'hivernage prochain.

RECETTES

Pour les sorties, l'accroissement du commerce porte moins sur une augmentation des quantités exportées que sur l'accroissement de leur valeur intrinsèque. La tarification étant restée la même, et basée sur les poids, les perceptions n'ont donc subi qu'une augmentation peu sensible.

En revanche, les taxes ont donné de forts excédents sur tous les articles, et la majeure partie de ce progrès est due au tabac et aux alcools. Malgré le chiffre élevé représentant les importations de monnaies qui entrent en franchise, et du riz qui est très peu taxé, le progrès atteint l'équivalent de 5 % de l'augmentation des valeurs, soit 150.000 francs pour 3 millions.

Les droits de navigation restent stationnaires, la situation étant inchangée.

Quant aux recettes contentieuses, elles tirent leur importance croissante de la surveillance mieux organisée sur les frontières, et de l'affectation à cet article du produit des ventes de marchandises abandonnées. Elles augmenteront encore en 1903 du fait du versement de la part revenant à la Colonie dans les ventes de caoutchouc frelaté saisi et confisqué.

Il semble intéressant de rapprocher le chiffre des perceptions de celui du mouvement commercial, à ce moment de fin de crise, afin de juger de l'importance réelle des charges supportées par le commerce.

Années.	Mouvement commercial.	Droits perçus.		Rapport.
1891........	8.395.411 fr.	317.108 fr.	59	6,3 %
1896........	10.421.121	625.674	18	6,00 —
1897........	14.363.351	843.790	96	5,8 —
1898........	16.819.838	900.114	78	5,2 —
1899........	24.903.206	1.136.174	93	4,6 —
1900........	24.787.224	1.582.016	70	6,38 —
1901........	16.423.277	1.111.658	39	6,76 —
1902........	25.097.953	1.293.141	18	5,15 —

ou en faisant abstraction des marchandises importées pour le chemin de fer,

1902........	21.868.231	1.293.141.18	5,91 %

Le commerce n'est donc pas plus chargé qu'en 1897, bien que, depuis cette époque, des droits nouveaux assez nombreux aient été établis.

COMMERCE FRANÇAIS

Années.	Importations totales.	Importations françaises.	Rapport.
1896.........	4.663.980 fr.	512.750 fr.	11 %
1897.........	7.638.075	1.209.365	16 —
1898.........	9.019.871	1.453.392	16 —
1899.........	15.441.710	3.980.004	26 —
1900.........	14.275.452	4.283.410	30 —
1901.........	7.744.587	3.086.348	40 —
1902.........	13.723.564	6.721.421	49,2 %

ou sans tenir compte du chemin de fer,

1902.........	10.493.842	3.522.137	33,5 %

NAVIGATION

Les matériaux, les rails, les tuyaux, importés pour les travaux publics représentent un poids considérable pour des valeurs relativement minimes et leur transport a occasionné un mouvement de navires plus fort que tout le reste du commerce. D'autre part, le transport sous pavillon français était imposé aux fournisseurs par les cahiers des charges des marchés, supprimant ainsi toute concurrence internationale.

On ne peut donc considérer comme un résultat favorable et définitivement acquis l'énorme accroissement du tonnage transporté sous pavillon français.

Toutefois, la création d'une nouvelle ligne de vapeurs venant de Marseille : la compagnie Cyprien Fabre, et les forts chargements transportés à chaque voyage par les deux autres compagnies plus anciennes : Chargeurs Réunis et Fraissinet, font augurer un avenir favorable pour les Compagnies françaises si elles apportent l'activité et la complaisance nécessaires pour profiter des frets qui leur seront offerts.

CONCLUSION

En résumé, la production de la Colonie progresse lentement, mais régulièrement, et la valeur de ses principaux produits a augmenté, en deux ans, de 50 % pour le caoutchouc et de 25 % pour les palmistes et la gomme.

Le commerce est actif et rémunérateur, et les importations de la Métropole en Guinée représentent de un tiers à la moitié de l'importation totale.

Les recettes progressent régulièrement, sans que leur quotité soit de nature à gêner le mouvement commercial.

On peut donc être entièrement satisfait de l'état général de la Colonie au point de vue économique, et celle-ci peut suivre sans crainte la voie qui lui a été tracée en travaillant à sa mise en valeur plus complète par la construction d'une voie de chemin de fer qui rendra pratique commercialement l'accès des régions éloignées et très riches du sud-est.

TABLEAU COMPARATIF DES RECETTES DE LA COLONIE
pendant les trois dernières années

NATURE DES DROITS.	1900	1901	1902
Entrée	13.263.18	8.426.39	8.711.85
Sortie	661.103.86	519.945.56	551.127.10
Taxes	890.779.04	569.252.87	717.105.91
Navigation	9.647.36	8.899.87	9.074.08
Saisies	7.223.26	5.133.70	7.122.24
TOTAUX	1.582.016.70	1.111.658.39	1.293.141.18

RÉSULTATS COMPARÉS DES DEUX DERNIÈRES ANNÉES

NATURE DES DROITS.	RECETTES		DIFFÉRENCE POUR 1902	
	1901	1902	En plus.	En moins.
Entrée	8.426.39	8.711.85	285.46	»
Sortie	519.945.56	551.127.10	31.181.54	»
Taxes	569.252.87	717.105.91	147.853.04	»
Navigation	8.899.87	9.074.08	174.21	»
Saisies	5.133.70	7.122.24	1.988.54	»
TOTAUX	1.111.658.39	1.293.141.18	181.482.79	»

TABLEAU COMPARATIF DES RECETTES
de douanes, par sections de frontières

PÉRIODES COMPARÉES	CONAKRY	NUNEZ	PONGO	MELLACORÉE	HAUT-NIGER	LIBÉRIA	FRONTIÈRE PORTUG^{se}	DUBRÉKA	TOTAUX
Année 1900	1.349.397.39	93.401.23	6.156.64	71.976.08	22.954.10			38.351.31	1.582.016.70
Année 1901	966.366.03	31.431.06	3.124.89	54.786.06	9.376.77	43.055.30		3.818.28	1.111.658.39
Année 1902	1.144.974.55	47.468.92	2.636.17	36.038.84	5.380.24	45.900.01	1.693.14	9.049.31	1.293.141.18
Différence de 1902 sur 1901 :									
En plus	178.608.52	16.037.96				2.844.71	1.693.14	5.231.03	204.415.26
En moins			488.72	18.447.22	3.996.53				22.932.47
								Excédent	181.482.79

TABLEAU PAR VALEURS DE MARCHANDISES et par pays d'origine des importations pendant l'année 1902.

DÉSIGNATION DES MARCHANDISES	Pays d'importation								TOTAUX
	FRANCE	COLONIES FRANÇAISES	ANGLETERRE	ALLEMAGNE	ÉTATS-UNIS	SIERRA-LEONE	LIBÉRIA	AUTRES PAYS	
Année 1900									
Produits et dépouilles d'animaux	108.798	43	23.494	12.397	1.165	516	»	3.068	149.481
Farines de froment	15.100	»	64.298	554	19.236	12.644	»	14	111.846
Biscuits de mer	43.294	»	21.762	500	4.349	»	»	»	69.905
Riz	759.872	300	46.464	65.855	»	43.144	»	867	918.502
Colas	»	550	»	»	»	414	558.068	»	559.032
Tabacs	31.282	4.784	186.731	50.382	39.396	3.544	»	12.563	337.682
Bois de toute nature	36.601	»	6.690	2.306	20.337	302	»	»	66.236
Matériaux de construction	163.077	»	5.344	804	»	»	»	500	169.725
Pétrole	593	»	2.333	4.592	172.797	»	»	»	180.315
Tôles	23.086	»	60.193	22.060	»	»	»	»	105.339
Sel	81.658	»	235.483	3.151	»	4.951	»	20.368	345.611
Vins, cidre, bière	158.482	159	15.513	26.380	»	»	»	520	201.054
Alcools et eaux-de-vie	46.870	»	37.324	175.815	»	»	»	1.554	261.563
Perles de verre	6.608	155	57.804	18.271	»	1.179	»	2.147	86.164
Tissus et vêtements	203.705	17.978	2.933.744	333 694	2.197	39.394	2.000	54.601	3.607.313
Ouvrages en métaux	223.175	438	111.457	206.194	7.310	5.806	»	1.789	556.169
Armes, poudres et munitions	161.483	2.448	13.262	52.391	»	162	»	3.211	232.957
Autres marchandises	676.023	11.589	343.700	283.265	6.300	71.606	»	60.735	452.618
TOTAUX	2.739.907	38.444	4.167.596	1.267.611	273.087	203.662	560.068	161.337	9.411.512
Matériel de chemin de fer	1.601.795	438							1.602.233
— de conduite d'eau	1.627.489								1.627.489
TOTAUX GÉNÉRAUX	5.968.991	38.882	4.167.596	1.267.611	273.087	203.662	560.068	161.337	12.641.234
Année 1901									
Produits et dépouilles d'animaux	84.476	169	26.625	10.458	804	795	»	1.219	124.546
Farines de froment	17.394	»	42.918	223	23.712	1.618	»	»	85.865
Biscuits de mer	33.574	»	12.152	330	8.044	185	»	»	54.285
Riz	507.172	13	88.746	38.736	»	71.157	»	5.612	711.436
Colas	»	»	»	»	»	801	»	403.386	404.187
Tabacs	30.232	1.097	69.837	17.071	53.352	4.364	»	19.085	195.058
Bois de toute nature	50.911	»	943	7.260	76.129	39	»	26.614	161.936
Matériaux de construction	73.931	»	2.131	11.289	»	»	»	25.464	112.815
Pétrole	1.091	»	4.648	2.195	18.317	15	»	40	26.306
Tôles	904	»	60.971	3.250	»	»	»	»	65.125
Sel	12.670	»	102.257	18.167	»	7.095	»	540	140.729
Vins, cidre, bière	120.255	250	16.762	13.805	»	187	»	8.090	159.349
Alcools et eaux-de-vie	53.377	135	23.250	93.799	1.830	176	»	4.123	176.690
Perles de verre	25.621	»	18.140	34.042	»	11.105	»	1.854	90.762
Tissus et vêtements	216.597	79.555	1.548.325	218.470	»	54.971	»	15.326	2.133.244
Ouvrages en métaux	1.038.761	121	95.078	43.094	10.416	9.061	»	12.178	1.208.709
Armes, poudres et munitions	31.069	1.633	11.682	95.926	»	2.596	»	6.191	149.097
Autres marchandises	554.821	15.788	312.918	222.303	13.494	58.182	»	36.264	1.213.770
TOTAUX	2.852.876	98.761	2.437.383	830.438	206.138	222.347	»	565.986	7.213.909
Matériel de chemin de fer	117.521						»	»	117.521
TOTAUX GÉNÉRAUX	2.970.397	98.761	2.437.383	330.418	206.138	222.347	»	565.986	7.331.430
Année 1902 : monnaies	782.430		10.000	»	»	287.500	»	2.400	1.082.330
— 1901 : —	125.925		27.875	20	»	263.087	»	6.250	423.157

TABLEAU COMPARATIF PAR VALEURS DE MARCHANDISES et sections de frontières des importations

ORIGINE DES IMPORTATIONS	CONAKRY	NUNEZ	PONGO	DUBRÉKA	MELLACORÉE	HAUT NIGER	LIBÉRIA	Guinée portugaise	TOTAUX
ANNÉE 1902									
France	5.873.073	69.686	788	25.323	121	»	»	»	5.968.991
Colonies françaises	23.792	464	»	»	»	»	»	14.626	38.882
Angleterre	4.096.256	70.258	352	6	724	»	»	»	4.167.596
Allemagne	1.233.679	33.917	»	15	»	»	»	»	1.267.611
Etats-Unis	273.087	»	»	»	»	»	»	»	273.087
Sierra-Léone	82.213	»	85	31.771	49.644	21.968	17.981	»	203.662
Libéria	»	»	»	»	»	»	560.068	»	560.068
Guinée portugaise	2.226	»	»	»	»	»	»	95.275	97.501
Autres pays	52.122	10.851	800	63	»	»	»	»	63.836
Totaux	11.636.418	185.176	2.025	57.178	50.489	21.968	578.049	109.901	12.641.234
Monnaies	1.082.330	»	»	»	»	»	»	»	1.082.330
ANNÉE 1901									
France	2.938.293	30.383	217	1.359	145	»	»	»	2.970.397
Colonies françaises	91.102	7.449	210	»	»	»	»	»	98.761
Angleterre	2.412.750	23.731	»	744	158	»	»	»	2.437.383
Allemagne	765.450	63.650	»	1.318	»	»	»	»	830.418
Etats-Unis	206.138	»	»	»	»	»	»	»	206.138
Sierra-Léone	72.557	2.090	»	10.287	106.561	30.852	»	»	222.347
Libéria	»	»	»	»	»	»	404.863	»	404.863
Guinée portugaise	»	»	»	»	»	»	»	»	»
Autres pays	138.081	21.503	1.243	138	158	»	»	»	161.123
Totaux	6.624.371	148.806	1.670	13.846	107.022	30.852	404.863	»	7.331.430
Monnaies	423.157	»	»	»	»	»	»	»	423.157
Résultats de l'année 1900.									
Année 1900	13.297.344	627.371	300	183.940	97.633	68.864	»	»	14.275.452
Comparaison entre 1901 et 1902.									
Différence pour 1902 sur 1901 en plus	5.012.077	36.370	355	43.332	»	»	173.186	109.901	5.375.221
Différence pour 1902 sur 1901 en moins	»	»	»	»	56.533	8.884	»	»	65.417

Monnaies non comprises. Différence pour 1902 .... 5.309.804
— comprises, différence pour 1902 .... 5.968.977

TABLEAU PAR VALEURS DE MARCHANDISES ET PAYS DE DESTINATION

des produits exportés pendant l'année 1902

DÉSIGNATION DES MARCHANDISES.	Pays de destination								TOTAUX	ÉVALUATION DE LA MERCURIALE.	POIDS CORRESPONDANT AUX VALEURS TOTALES.
	FRANCE	COLONIES FRANÇAISES	ANGLETERRE	ALLEMAGNE	LIBÉRIA.	SIERRA-LEONE	GUINÉE PORTUGAISE	AUTRES PAYS			
Année 1902											
Bœufs vivants. .	1.200	81.200	750	900	39.150	482.805	7.500	236.400	849.905	150 fr. la tête.	5.666 têtes.
Moutons et chèvres	»	795	»	60	475	24.265	60	3.780	29.435	15 et 10 — la tête.	164 chèvres, 1.853 moutons
Peaux de bœufs.	93.026	844	90.581	41.639	»	20	386	108	226.604	0 — 80 le kg.	283.255 kgs.
Cire animale. .	516	1.432	20.721	17.138	»	12	1.354	346	41.519	2 — le kg.	20.759 —
Ivoire.	21.304	»	24.421	10.522	70	2.935	»	314	59.566	10 — le kg.	5.956 —
Colas.	2.551	29.629	1.341	»	»	583	2.082	49.378	85.564	2 — le kg.	42.782 —
Palmistes	6.497	2.288	137.742	431.845	»	404	»	»	578.776	20 — p. 100 kgs.	2.893.880 —
Sésames	62.444	6	2.200	10.672	»	75	»	5	75.402	id.	377.010 —
Arachides. . . .	179.791	»	»	2	»	4.774	»	»	184.567	12 fr. 50 p. 100 kgs.	1.476.536 —
Gomme copal. .	1.055	»	247.106	6.907	»	1.906	»	440	257.414	150 fr. p. 100 kgs.	171.609 —
Huile de palme.	4.275	34.402	32.840	»	»	1.442	»	5	72.934	40 — —	182.325 —
Caoutchouc. . .	1.654.843	»	4.612.173	2.359.620	»	10.365	1.883	22.815	8.661.699	7 — 50 le kg.	1.154.895 —
Café.	2.130	26	»	»	»	»	»	»	2.156	2 — le kg.	1.078 —
Or.	20.346	»	»	6.281	»	»	»	24.368	50.995	3 — le gr.	6 kgs. 998
Sel indigène . .	»	»	»	»	22.930	3.081	»	»	26.011	1 fr. et 0 fr. 10 —	22.930, et 30.810 kgs.
Autres produits.	2.617	1.783	267	188	5.594	24.602	410	15.881	51.342		
TOTAUX. . . .	2.052.595	152.405	5.470.412	2.885.774	68.219	557.269	12.675	353.840	11.253.889		

TABLEAU PAR VALEURS DE MARCHANDISES ET PAYS DE DESTINATION

des produits exportés pendant l'année 1901

DÉSIGNATION DES MARCHANDISES.	Pays de destination: FRANCE	COLONIES FRANÇAISES	ANGLETERRE	ALLEMAGNE	LIBÉRIA	SIERRA-LÈONE	GUINÉE PORTUGAISE	AUTRES PAYS	TOTAL	ÉVALUATION DE LA MERCURIALE.	POIDS CORRESPONDANT AUX VALEURS TOTALES.
Année 1901											
Bœufs vivants. .	»	23.700	»	»	285.800	759.520	»	7.930	1.076.950	150 fr. la tête.	6.670 têtes.
Moutons et chèvres	»	1.830	»	»	692	22.565	»	1.743	26.830	10 et 15 — le kg.	151 chèvres, 1.688 moutons
Peaux de bœufs.	100.365	»	103.311	56.096	»	24	»	1.757	261.553	80 — p. 100 kgs.	326.941 kgs.
Cire animale . .	3.788	10	18.757	7.294	»	6	»	»	29.855	2 fr. le kg.	14.927 —
Ivoire.	7.400	»	20.825	5.503	»	1.950	»	3.009	38.665	10 — le kg.	3.867 —
Colas	3.321	25.868	»	»	»	90	»	17.534	46.813	2 — le kg.	23.407 —
Palmistes	17.096	»	228.719	309.428	»	264	»	5.385	560.892	20 — p. 100 kgs.	2.804.460 —
Sésames.	41.735	»	25.151	25.151	»	212	»	130	67.228	id.	336.140 —
Lamy	4.051	»	22	2.351	»	»	»	»	6.424	id.	32.120 —
Arachides. . . .	119.182	»	2.136	»	»	11.503	»	»	132.821	12 fr. 50 p. 100 kgs.	1.062.570 —
Gomme copal. .	1.691	»	230.623	3.825	»	273	»	421	236.833	150 fr. p. 100 kgs.	157.888 —
Huile de palme.	527	41.795	22.202	14.633	»	524	»	»	79.681	40 — —	99.601 —
Caoutchouc. . .	846.093	»	3.203.277	1.475.031	»	47.526	»	140.418	5.712.345	5 fr. 50 le kg.	1.038.808 —
Café.	1.297	90	22	»	»	»	»	»	1.409	2 — le kg.	704 —
Or.	28.500	»	»	»	»	»	»	»	28.500	3 — le gr.	9 kg. 500
Sel indigène . .	»	»	»	»	11.244	»	»	20.535	31.779	1 fr. et 0 fr. 10 le kg.	11.244 et 205.350 kgs.
Autres produits.	5.767	2.254	5.664	2.021	9.392	36.725	»	15.292	77.112		
TOTAUX. . . .	1.180.813	95.544	3.835.556	1.901.333	307.128	884.462		214.154	8.445.690		
1902. Monnaies.	116 000	»	»	»	»	4.500	»	»	120.500		
1901. —	150.000	103.000	»	»	»	»	»	»	253.000		

TABLEAU COMPARATIF PAR VALEURS DE MARCHANDISES

et sections de frontières des exportations

DESTINATION DES EXPORTATIONS	CONAKRY	NUNEZ	PONGO	DUBRÉKA	MELLACORÉE	HAUT NIGER	LIBÉRIA	Frontière portugaise	TOTAUX
ANNÉE 1902									
France	1.853.161	199.434	»	»	»	»	»	»	2.052.595
Colonies françaises	63.173	11.007	2.288	»	»	»	»	75.937	152.405
Angleterre	5.170.112	»	»	»	»	»	»	»	5.170.112
Allemagne	2.705.334	180.440	»	»	»	»	»	»	2.885.774
Etats-Unis	»	»	»	»	»	»	»	»	»
Sierra-Leone	37.388	493	»	42.520	433.854	43.014	»	»	557.269
Libéria	600	»	»	»	»	»	67.619	»	68.219
Guinée portugaise	»	»	»	»	»	»	»	13.675	13.675
Autres pays	130.771	74.792	19.270	»	»	»	129.007	»	353.840
Totaux	9.960.539	466.166	21.558	42.520	433.854	43.014	196.626	89.612	11.253.889
Monnaies	120.500	»	»	»	»	»	»	»	120.500
ANNÉE 1901									
France	1.027.290	153.523	»	»	»	»	»	»	1.180.813
Colonies françaises	83.155	12.389	»	»	»	»	»	»	95.544
Angleterre	3.808.903	26.653	»	»	»	»	»	»	3.835.556
Allemagne	1.704.341	196.992	»	»	»	»	»	»	1.901.333
Etats-Unis	»	»	»	»	»	»	»	»	»
Sierra-Leone	91.854	»	»	19.000	691.045	79.263	»	»	881.162
Libéria	»	»	»	»	»	»	307.128	»	307.128
Guinée portugaise	»	»	»	»	»	»	»	»	»
Autres pays	145.714	52.074	16.366	»	»	»	»	»	214.154
Totaux	6.861.257	441.631	16.366	19.000	691.045	79.263	307.128	»	8.415.690
Monnaies	253.000	»	»	»	»	»	»	»	253.000
ANNÉE 1900									
Année 1900	7.965.064	333.262	77.109	316.276	904.485	183.576	»	»	9.779.772
Comparaison entre les années 1901 et 1902.									
Différence pour 1902 sur 1901 en plus	3.099.282	24.535	5.192	23.520	»	»	»	89.612	3.242.141
Différence pour 1902 sur 1901 en moins	»	»	»	»	257.191	36.249	110502	»	403.942

Monnaies non comprises, différence en plus pour 1901.... 2.838.199
— comprises, différence en plus pour 1901......... 2.705.699

MOUVEMENTS DE L'ENTREPOT PENDANT L'ANNÉE 1902

ENTRÉES EN ENTREPOT

DÉSIGNATION DES MARCHANDISES.	Pays d'origine des marchandises							TOTAUX.
	FRANCE	COLONIES FRANÇAISES	ANGLETERRE	ALLEMAGNE	ÉTATS-UNIS	SIERRA-LEONE	AUTRES PAYS	
Vins et bières	12.930	»	1.316	105	»	»	»	14.351
Eaux-de-vie	5.568	»	3.486	144.343	»	»	»	153.397
Poudres, etc.	54.050	»	»	27.868	»	»	»	81.918
Sel	22.929	»	8.625	»	»	»	»	31.554
Tissus	14.835	330	103.762	11.645	»	»	»	130.572
Armes	744	»	»	1.041	»	»	2.900	4.685
Autres	62.584	120	112.731	251.699	185.531	5.625	8.170	426.460
TOTAUX	173.640	450	229.920	236.701	185.531	5.625	11.070	842.937

SORTIES D'ENTREPOT POUR

	CONSOMMATION LOCALE	LA RÉEXPORTATION POUR				TOTAUX.
		FRANCE ET COLONIES	SIERRA-LEONE	GUINÉE PORTUGAISE	AUTRES PAYS	

I. Marchandises françaises

	CONSOMMATION LOCALE	FRANCE ET COLONIES	SIERRA-LEONE	GUINÉE PORTUGAISE	AUTRES PAYS	TOTAUX.
Vins et bières	2.302	2.216	5.031	2.212	»	11.761
Eaux-de-vie	270	700	3.067	2.185	»	6.222
Poudres et munitions	23.217	»	»	1.915	»	25.132
Sel	23.681	»	»	»	»	23.681
Tissus	66.835	773	12.618	2.098	»	82.324
Armes	5.672	»	»	23	»	5.695
Autres	16.734	15.767	31.623	30.435	645	95.204
TOTAUX	138.711	19.456	52.339	38.868	645	250.019

II. Marchandises étrangères

	CONSOMMATION LOCALE	FRANCE ET COLONIES	SIERRA-LEONE	GUINÉE PORTUGAISE	AUTRES PAYS	TOTAUX.
Vins	31	»	»	»	»	31
Eaux-de-vie	90.653	63	8.940	»	»	99.656
Poudres et munitions	34.684	»	»	12.960	»	47.644
Sel	7.551	»	»	»	»	7.551
Tissus	123.377	»	6.961	675	»	131.013
Armes	10.323	»	»	»	»	10.323
Autres	165.710	4.956	15.983	12.151	»	198.800
TOTAUX	432.329	5.019	31.884	25.786	»	495.018

RÉCAPITULATION

Balances au 31 décembre. { Entrées : 842.937 / Sorties : 745.037 — Balance de 1901 . . . . . { Entrées : 926.397 / Sorties : 139.166

MOUVEMENT DU PORT DE CONAKRY EN 1902

Tonnage transporté.

		ENTRÉES		SORTIES	
		1901	1902	1901	1902
Navires français venant de ou allant à......	en France................	2.383	23.202	164	817
	aux autres colonies........	3.821	397	368	64
	l'étranger................	1.228	»	213	»
	autres points de la colonie.	»	»	240	»
Navires étrangers venant de ou allant à.......	en France...............	2.393	3.477	60	320
	autres colonies............	»	»	4.111	»
	l'étranger................	12.827	14.678	6	4.495
	autres points de la colonie.	56	»	»	128
Caboteurs de la colonie venant de ou allant à.	en France................	5	»	16	»
	autres colonies...........	78	»	270	»
	l'étranger................	»	129	»	32
	autres points de la colonie.	»	»	»	»
	Totaux............	22.791	41.883	5.448	5.856
Transports sous pavillons..............	français..................	7.432	23.599	985	881
	anglais..................	9.253	9.691	3.278	3.041
	allemand................	1.802	2.292	899	1.582
	Caboteurs de la colonie ...	83	129	286	32
	Autres pavillons..........	4.221	6.172	»	320
	Totaux..............	22.791	41.883	5.448	5.856

Tableau du mouvement des navires dans les principaux ports.

	ENTRÉE				SORTIE			
ANNÉE 1902	NOMBRE	TONNAGE	ÉQUIPAGE	TONNAGE TRANS-PORTÉ.	NOMBRE	TONNAGE	ÉQUIPAGE	TONNAGE TRANS-PORTÉ.
Conakry. . .	2.903	312.452	21.853	41.883	2.963	308.196	22.510	5.856
Victoria . . .	157	13.575	1.058	566	152	13.445	1.024	2.637
Boffa.	366	3.841	1.795	»	358	3.845	1.775	6
Dubréka . . .	813	8.814	4.094	375	816	8.901	4.109	3
Benty	470	3.840	2.345	48	456	3.763	2.280	52
Totaux. .	4.709	342.522	31.145	42.872	4.745	338.150	31.698	8.554
ANNÉE 1901								
Conakry. . .	2.686	314.594	20.829	22.791	2.729	315.409	21.022	5.448
Victoria . . .	137	9.164	829	317	133	9.363	909	1.950
Boffa.	201	2.800	1.005	3	210	2.848	1.150	8
Dubréka . . .	877	7.770	4.385	4	872	7.751	4.360	5
Benty	410	3.726	2.050	29	421	3.844	2.105	63
Totaux. .	4.311	338.054	29.098	23.144	4.365	339.213	29.446	7.472

ÉTAT RÉCAPITULATIF DU MOUVEMENT DE LA NAVIGATION DANS LES PORTS DE LA GUINÉE FRANÇAISE PENDANT L'ANNÉE 1902

			ANNÉE 1902				ANNÉE 1901				DIFFÉRENCE POUR 1902 En plus.				DIFFÉRENCE POUR 1902 En moins.			
			Nombre.	Tonnage.	Équipage.	Tonnage transporté.	Nombre.	Tonnage.	Équipage.	Tonnage transporté.	Nombre.	Tonnage.	Équipage.	Tonnage transporté.	Nombre.	Tonnage.	Équipage.	Tonnage transporté.
ENTRÉE	Navires français venant de	France	48	64.049	2.095	23 368	21	27.069	1.004	2.511	27	36.980	1.091	20.887				
		autres colonies	23	33.307	1.365	397	40	51.749	2.129	3.821					17	18.442	764	3.424
		l'étranger					8	6.947	249	1.226					8	2.947	249	1.228
		autres points de la colonie																
	Navires étrangers venant de	France	7	4.025	102	3.834	3	1.694	36	2.393	4	2.329	66	1.441				
		autres colonies	2	2.245	63		2	1.094	35	1		1.151	28					
		l'étranger	264	197.069	5.565	15.036	243	205.822	5.537	13.025	21		28	2.011		8.763		
		autres points de la colonie	88	554	440		144	4.537	824	56					53	3.983	384	56
	Caboteurs de la colonie venant de	France	5	84	15	69	2	34	10	5	1	50	5	64				
		autres colonies	96	710	480	165	87	1.087	459	104	9		21	61		577		
		l'étranger																
		autres points de la colonie	4.178	40.491	21.020	3	3.764	36.021	18.845		414	2.470	2.205	3				
	Totaux		4.709	342.522	31.145	42.872	4.311	338.054	29.098	23.144	476	42.980	3.444	24.437	78	38.512	1.397	4.709
SORTIE	Navires français allant à	France	35	47.973	1.783	1.073	15	20.304	811	1.155	20	27.669	972					82
		autres colonies	33	44.697	1.570	64	43	56.183	2.204	368					10	11.486	634	304
		l'étranger	2	3.400	52		6	8.361	313	213					4	4.961	261	213
		autres points de la colonie					2	1.991	52	240					2	1.991	52	240
	Navires étrangers allant à	France	3	2.618	54	1.666					3	2.618	54	1.666				
		autres colonies	2	2.288	52		6	5.564	127	60					4	3.276	75	60
		l'étranger	257	191.721	5.436	5.538	243	203.367	5.526	5.079	14			459		11.646	90	
		autres points de la colonie	79	5.359	523	128	150	3.467	847	6		1.892		122	71		294	
	Caboteurs de la colonie allant à	France	1	33	5		4	79	20	16					3	46	15	46
		autres colonies	148	822	590	85	107	1.346	535	335	11		53			524		250
		l'étranger																
		autres points de la colonie	4.215	39.239	21.633		3.789	48.551	19.044		426	688	2.592					
	Totaux		4.745	338.150	31.696	8.554	4.361	339.213	29.446	7.472	474	32.867	3.673	2.247	94	33.930	1.421	1.165

TABLEAU PAR PAVILLONS DU MOUVEMENT DES NAVIRES DANS LES PORTS DE LA GUINÉE FRANÇAISE PENDANT L'ANNÉE 1902

NAVIRES PORTANT PAVILLON	ANNÉE 1902				ANNÉE 1901				DIFFÉRENCE POUR 1902 — En plus.				DIFFÉRENCE POUR 1902 — En moins.			
	Nombre.	Tonnage.	Équipage.	Tonnage transporté.	Nombre.	Tonnage.	Équipage.	Tonnage transporté.	Nombre.	Tonnage.	Équipage.	Tonnage transporté.	Nombre.	Tonnage.	Équipage.	Tonnage transporté.
ENTRÉE																
Français	71	97.356	3.460	23.690	69	85.765	3.382	7.560	2	11.591	78	16.130	»	»	»	»
Anglais	275	130.769	4.241	9.721	317	142.289	4.562	9.261	»	»	»	460	42	11.520	321	»
Allemand	59	64.944	1.692	2.840	58	65.381	1.746	1.991	1	»	»	849	»	437	54	»
Caboteurs guinéens	4.285	41.332	21.555	237	3.853	39.143	19.584	109	432	2.189	2.271	128	»	»	»	»
Divers	19	8.121	197	6.309	14	5.476	124	1.223	5	2.645	73	2.086	»	»	»	»
Totaux	3.709	342.522	31.145	42.797	4.311	338.054	29.098	23.144	410	16.425	2.422	19.653	42	11.957	375	»
SORTIE																
Français	70	96.070	3.405	1.137	66	86.389	3.380	1.976	4	9.231	25	»	»	»	»	839
Anglais	268	126.966	4.156	3.045	326	140.525	4.583	3.281	»	»	»	»	63	13.559	427	236
Allemand	60	66.363	1.716	2.616	58	65.385	1.740	1.858	2	982	»	758	»	»	30	»
Caboteurs guinéens	4.334	40.096	22.228	85	3.900	39.976	19.596	351	434	120	2.632	»	»	»	»	266
Divers	18	8.655	193	1.671	15	6.492	141	6	3	2.163	52	1.665	»	»	»	»
Totaux	4.748	338.150	31.698	8.554	4.365	339.213	29.446	7.472	443	12.496	2.709	2.423	63	13.559	457	1.341

ÉTAT NUMÉRIQUE DES BATIMENTS ATTACHÉS AUX PORTS DE LA GUINÉE AU 1er JANVIER 1902

ESPÈCES DES BATIMENTS	NOMBRE DES BATIMENTS PAR GENRE DE NAVIGATION					Tonnage	Genre de construction
	Bornage	Cabotage	Cabotage international	Long cours	Navigation subventionnée		
Navires à vapeur.							
Aviso	»	»	1	»	»	40T00	Construction européenne
Chaloupe	»	1	»	»	»	6T89	—
TOTAUX	»	1	1	»	»	46T89	
Navires à voiles.							
Navires à 2 mâts de 20 T. et au-dessus	»	18	1	»	»	524T10	Construction européenne
Cotres à 2 mâts de 20 T. et au-dessus	»	12	»	»	»	297T86	—
Bâtiments de 10 à 20 T.	»	26	»	»	»	352T73	—
— de 2 à 10 T.	1	45	»	»	»	321T21	—
Bâtiments de 10 T. et au-dessus	»	19	»	»	»	237T93	Constr. indigène
Bâtiments de 2 à 10 T.	12	365	»	»	»	1.981T87	—
TOTAUX	13	485	1	»	»	3.715T70	

SERVICE DE SANTÉ

En 1902, le service médical de la Guinée a été assuré par cinq médecins des troupes coloniales hors cadres :

1° Un médecin-major de première classe, chef du service de santé, médecin chef de l'hôpital de Conakry ;

2° Un médecin-major de deuxième classe, chargé du service de santé du chemin de fer, médecin chef de l'ambulance de Siarrhéa ;

3° Trois médecins aides-majors de première classe. Le premier a rempli les fonctions de médecin résident de l'hôpital de Conakry, le second celles de médecin chef de l'infirmerie de Kouroussa, et le troisième celles de prévôt de l'ambulance de Siarrhéa.

Il n'y a eu qu'un changement dans le personnel auxiliaire du service de santé. De cinq le nombre des infirmiers indigènes a été porté à sept. Cette augmentation a été nécessitée par la construction d'un hôpital pour indigènes.

L'infirmerie de Kouroussa qui était déjà ouverte aux malades en 1901, a été terminée en 1902 ; l'ambulance de Siarrhéa a, comme l'année précédente, presque exclusivement reçu des troupes du Génie et le personnel du chemin de fer.

Nous avons dit, l'année dernière, que, vu l'insuffisance de l'hôpital de Conakry, on construisait un nouvel hôpital. Il a été ouvert le 1er mars 1902 et on lui a donné le nom d'hôpital Ballay. Nous ne reviendrons pas sur les détails des constructions que l'on trouvera dans le rapport d'ensemble sur la situation générale de la Guinée en 1901, au chapitre « Travaux publics » ; nous nous contenterons de décrire l'installation des services.

L'hôpital Ballay est situé à plus d'un kilomètre de la ville européenne, à l'extrémité de l'avenue du Gouvernement, dans un des points les mieux aérés de Conakry. Il est composé de quatre grands pavillons et de dépendances.

Les quatre grands pavillons sont :

1° Le pavillon des officiers ou des malades de première et deuxième catégories;

2° Le pavillon des sous-officiers ou des malades de troisième et quatrième catégorie;

3° Le pavillon des médecins;

4° Le pavillon des sœurs.

Ces quatre pavillons sont réunis entre eux par des galeries qui font communiquer le pavillon des sœurs avec celui des officiers, celui des officiers avec celui des sous-officiers, et ce dernier avec celui des médecins.

I. *Le pavillon des officiers* est divisé, au premier étage, en sept chambres de malades et un cabinet réservé à la sœur des salles. Trois chambres, pour malades de la première catégorie, sont à un lit; les quatre autres, destinées aux malades de deuxième catégorie, sont à deux lits.

On peut donc recevoir dans ce pavillon onze malades.

Le mobilier de ces chambres est aussi simple que possible. On s'est contenté d'y mettre les meubles indispensables, pour ne pas diminuer le cube d'air et permettre de faire facilement la propreté. Les lits sont en fer; ils sont facilement démontables, ce qui permet de les laver et de les désinfecter rapidement. Le matériel de literie est entièrement neuf. Les autres meubles sont, pour chaque chambre, une table de toilette et une table de nuit, toutes deux à dessus de marbre, une table en pitchpin, une grande glace, un grand service à toilette, un fauteuil et deux chaises cannées. Il n'y a ni tapis, ni rideaux; les descentes de lits sont remplacées par des nattes en paille fine.

Le rez-de-chaussée de ce pavillon a été converti en quatre magasins :

1° Le magasin des vins;

2° Le magasin de la pharmacie;

3° Le magasin des vivres et du matériel;

4° Le magasin de la lingerie.

Tous ces magasins contiennent un approvisionnement suffisant pour permettre, le cas échéant, d'hospitaliser un nombre de malades beaucoup plus grand que celui existant actuellement et de pourvoir immédiatement à leurs besoins.

Le magasin de la pharmacie expédie à tous les postes de la Guinée des médicaments. Un guide pharmaceutique, rédigé par le service de santé et imprimé à Conakry en 1902, indique le mode d'emploi, dans les maladies les plus fréquentes en Guinée, des médicaments et des objets de pansement mis à la disposition des postes dépourvus de médecin.

II. *Le pavillon*, dit *des sous-officiers*, a été aménagé au premier étage pour recevoir des sous-officiers, des soldats et des malades de la troisième catégorie. Le rez-de-chaussée est affecté aux indigènes (tirailleurs miliciens, employés du service local, et employés de commerce payants).

La division de l'étage et du rez-de-chaussée est exactement la même. Dans chacun d'eux on trouve une salle commune de douze lits, deux chambres à deux lits et deux cabinets à un lit. On peut donc actuellement hospitaliser dans ce pavillon vingt Européens et vingt indigènes. Le nombre des lits pourrait, sans inconvénient, être augmenté dans les salles communes et porté de douze à seize et même à dix-huit, mais nous ne pensons pas que, sauf le cas d'épidémie, le besoin de cette augmentation se fasse de longtemps sentir.

Les statistiques jointes à ce rapport prouvent qu'il y a toujours de nombreux lits vides dans ce pavillon.

Il en est de même heureusement pour celui des officiers. Les lits, les objets de literie, le mobilier des salles et chambres d'Européens sont dans ce pavillon, comme dans celui des officiers, entièrement neufs; les matelas et la literie de l'ancien hôpital ont été, après désinfection à l'étuve, affectés au service des indigènes.

Dans de petites annexes de ces pavillons, auxquels elles sont réunies par des galeries, se trouvent les w.-c. et des salles de bains et de douches. Un égout en grès vernissé desservira les w.-c., pour lesquels des appareils sanitaires, des plus nouveaux modèles et à grand débit d'eau, ont été commandés. Les salles de bains et de douches, qui seront alimentées directement par la conduite d'eau posséderont chacune une baignoire, une douche en jet et une douche en pluie.

III. *Le pavillon des médecins* comprend, au premier étage, le logement du médecin résident et le bureau du chef du service de santé.

Au rez-de-chaussée se trouvent : la salle du conseil de santé, l'arsenal de chirurgie, un cabinet noir et un cabinet dans lequel on a placé la machine à frapper à acide sulfurique et la machine à glace à ammoniaque.

Dans la salle du conseil de santé sont des armoires vitrées renfermant la bibliothèque médicale et celle des livres de lecture pour les malades. Cette dernière, il y a deux ans, ne contenait qu'une douzaine de volumes; elle en possède actuellement environ deux cent cinquante, tous reliés, tous dus à de généreux donateurs, auxquels nous adressons ici, au nom des malades, nos plus sincères remerciements.

Le cabinet noir est aménagé pour servir en même temps de cabinet d'ophtalmologie et de cabinet de photographie.

IV. *Le pavillon des sœurs,* dont le premier étage, sauf une chambre réservée aux femmes malades, est occupé par les sœurs, est divisé au rez-de-chaussée en quatre compartiments : 1° la salle à manger; 2° la lingerie; 3° la pharmacie; 4° le laboratoire de bactériologie.

Pour préserver le linge des malades de la poussière, la lingerie a été dotée de très grandes armoires fixées; dans la pharmacie on a tenu à installer comme étagères, armoires, tables, tout ce qui pouvait permettre de classer les médicaments, de renfermer les médicaments dangereux, et de faciliter les préparations diverses nécessitées par le service.

Le laboratoire possède déjà des produits chimiques et les instruments indispensables, tels que microscope Roux, microtome Minot, compte-globules Malassez, etc... Le docteur Ponthiou, médecin résident de l'hôpital, qui a bien voulu se charger de ce laboratoire, a rendu, en 1902, au service de santé de grands services, tant au point de vue du diagnostic des maladies qu'au point de vue de leur traitement.

Les dépendances comprennent aussi quatre pavillons qui sont :

1° A l'entrée, un grand pavillon affecté en majeure partie au logement des infirmiers européens et du concierge. On y a installé un cabinet de consultation pour les malades de l'extérieur et une petite tisanerie;

2° Derrière les pavillons des malades un autre grand pavillon divisé en cuisine, dépense, salle d'hydrothérapie, trois cabines de bains, buanderie avec séchoir.

La salle d'hydrothérapie et les salles de bains sont installées de façon à pouvoir donner des bains froids ou chauds, des douches en jet, en pluie, en cercle, ascendantes, etc.

Les murs sont revêtus de carreaux de faïence et des caillebotis en bois préservent les pieds des baigneurs du froid contact du dallage. La buanderie est munie d'un appareil à vapeur pour la lessive et d'une machine à laver;

3° Enfin, complètement au fond de l'hôpital, deux petits pavillons. Le premier est celui de la désinfection muni d'une étuve Genest et Herscher. Le second est divisé en salle mortuaire et en salle d'autopsie. La salle mortuaire peut servir pour la désinfection par les vapeurs d'aldéhyde formique.

En résumé, dans l'hôpital Ballay, très bien situé, très bien aéré, on n'a rien négligé pour assurer le bien-être, l'hygiène et l'agrément des malades. Il contient beaucoup plus de chambres que le mouvement habituel ne l'exige, ce qui permet l'évacuation alternative, le nettoyage et la désinfection de celles qui sont en service. Bref, cet établissement hospitalier est digne de la ville de Conakry.

C'est aussi dans le courant de l'année 1902 que l'on a ouvert un hôpital pour les indigènes malades.

Ils y sont hospitalisés, soignés et nourris gratuitement. Cet hôpital comprend deux grandes salles, une salle spéciale pour les prisonniers malades, une salle de consultation et de pansements, une pharmacie et deux cabinets d'isolement. Il contient trente couchettes. Un très grand nombre d'indigènes viennent tous les jours à la consultation du médecin. On peut d'ailleurs se rendre compte des services que rend cet hôpital par les chiffres des malades hospitalisés ou soignés. En un seul mois il y a eu huit cent trente journées d'hôpital et le total des chiffres des pansements faits et des consultations données a été de neuf cent soixante dix-huit.

Les années 1901 et 1902 ont été, au point de vue sanitaire, beaucoup meilleures que les années précédentes. La moyenne des entrées à l'hôpital qui était pour 1899 et 1900 de 261, n'est plus, pour 1901 et 1902, que de 175.

Les tableaux ci-joints résument les statistiques pour l'année 1902.

Le tableau n° 1 indique les hospitalisations par mois et par catégories des malades.

		JANVIER	FÉVRIER	MARS	AVRIL	MAI	JUIN	JUILLET	AOUT	SEPTEMBRE	OCTOBRE	NOVEMBRE	DÉCEMBRE	TOTAUX
Européens.	Fonctionnaires	2	2	3	2	5	5	5	10	5	3	1	6	49
	Non fonctionnaires	4	3	1	5	4	6	7	4	12	5	13	7	71
	Femmes et enfants	»	»	1	»	2	»	2	»	2	2	1	»	10
	Troupes	»	1	1	1	1	2	2	8	7	11	5	8	47
Indigènes.	Tirailleurs sénégalais	»	»	»	1	1	»	1	1	2	4	3	1	14
	Employés de commerce	»	»	»	»	»	1	»	»	»	»	»	»	1
	Miliciens	»	»	»	»	»	»	1	»	»	1	»	1	3
	Services locaux	1	»	1	1	1	»	»	1	»	1	2	1	9
	TOTAUX	7	6	7	10	14	14	18	24	28	27	25	24	204

Le tableau n° 2 répartit les hospitalisations par mois et par genre de maladies.

		JANVIER	FÉVRIER	MARS	AVRIL	MAI	JUIN	JUILLET	AOUT	SEPTEMBRE	OCTOBRE	NOVEMBRE	DÉCEMBRE	TOTAUX
Fièvre paludéenne	Européens.	1	2	6	1	2	3	2	13	16	14	9	6	75
Anémie palustre.	Européens.	»	1	2	3	3	2	1	1	1	1	4	»	19
Accès pernicieux	Européens.	1	»	»	»	»	»	»	»	2	»	»	»	3
Fièvre bilieuse hémoglobinurique.	Européens.	»	»	»	»	1	1	2	2	»	3	1	»	10
Congestion du foie et hépatite. .	Européens.	1	2	1	»	1	1	2	2	6	1	2	2	21
Dysenterie	Européens.	»	»	1	1	»	»	1	»	»	»	1	»	4
	Indigènes .	»	»	»	»	»	»	»	»	»	»	»	2	2
Diarrhée endémique.	Européens.	»	»	»	»	»	»	1	1	»	»	»	»	2
	Indigènes . .	»	»	»	»	»	»	»	»	»	»	1	»	1
Insolation	Européens.	1	»	2	»	»	»	1	»	»	»	»	»	2
Ténia	Européens.	»	»	2	»	»	»	»	»	»	1	»	1	2
	Indigènes .	»	»	»	»	»	»	»	»	1	1	»	»	2
Maladies sporadiques	Européens.	»	1	»	1	»	1	»	1	»	1	3	5	13
	Indigènes .	»	»	2	1	»	1	»	»	1	2	»	1	8
Maladies chirurgicales.	Européens.	1	»	1	1	2	2	»	1	1	1	1	4	15
	Indigènes .	1	»	1	»	1	1	»	1	1	1	4	2	13
Maladies vénériennes	Européens.	1	»	1	1	2	»	2	»	»	3	»	1	11
	Indigènes .	»	»	1	»	»	»	»	»	»	»	»	»	1
TOTAUX.		7	6	16	9	12	12	12	22	29	29	26	24	204

Le dernier tableau indique les décès des Européens à l'hôpital pendant les trois dernières années.

GENRE DE MALADIE	1900		1901		1902	
	ENTRÉES	DÉCÈS	ENTRÉES	DÉCÈS	ENTRÉES	DÉCÈS
Fièvre bilieuse hémoglobinurique . .	15	4	8	3	10	»
Accès pernicieux	4	4	2	2	3	3
Anémie palustre.	8	»	10	1	19	»
Fièvre typho-malarienne	2	1	»	»	»	»
Dysenterie	5	1	»	»	4	»
Maladies sporadiques.	15	5	9	2	13	1
» épidémiques	»	»	1	1	»	»
Autres maladies	104	»	93	»	128	»
TOTAUX.	153	15	123	7	177	4

On voit qu'il n'y a eu, en 1902, que quatre décès à l'hôpital, au lieu de sept en 1901 et de quinze en 1900. En 1900, trois des décédés provenaient des Rivières; en 1901, deux provenaient des Rivières et un du Dahomey; en 1902, trois provenaient des Rivières et d'un poste de l'intérieur.

Maladies des Européens. — Ce sont encore les maladies endémiques qui ont été les plus nombreuses chez les Européens. En première ligne nous devons placer le paludisme.

Sur 177 entrées d'Européens à l'hôpital Ballay, 107, c'est-à-dire près des deux tiers, ont été nécessitées par les affections paludéennes. Mais, cette année, beaucoup de ces affections n'étaient que des accès de fièvre simples, pour lesquels on n'entrait pas les autres années à l'hôpital. Plusieurs fonctionnaires ou colons, convaincus qu'ils trouveraient à l'hôpital tout le confortable nécessaire, sont venus y passer les trois ou quatre jours que nécessite le traitement d'un accès de fièvre simple et surtout de l'embarras gastrique qui l'accompagne presque toujours.

De plus, le chef du service de santé, persuadé que les soldats ne peuvent recevoir à la chambre les soins que réclament les affections paludéennes, a hospitalisé tous ceux qui se sont présentés à la visite atteints d'accès de fièvre, même légers. C'est pourquoi les sapeurs et les sous-officiers du Génie, très nombreux en 1902 à Conakry, où on commençait les travaux de la gare et de la première partie de la voie, ont fourni de nombreuses entrées à l'hôpital.

Nous sommes heureux de constater que la fièvre bilieuse hémoglobinurique n'a fait, en 1902, aucune victime à Conakry. Au moment où nous écrivons ces lignes, il y a eu, soit à l'hôpital, soit en ville, dix-sept cas consécutifs de cette maladie, sans un décès; plusieurs cas ont été cependant graves.

Le traitement a été le même que l'année précédente. Il a consisté surtout à faire absorber au malade le plus d'eau possible, soit par la voie stomacale, soit par la voie rectale, soit par la voie sous-cutanée; à augmenter la pression du sang par des injections de caféine à très hautes doses, et à combattre l'empoisonnement paludéen par des doses assez fortes de quinine.

Il y a eu trois cas d'accès pernicieux, tous les trois terminés par décès. Deux des décédés provenaient des Rivières et sont arrivés à l'hôpital dans le coma, dont il a été impossible de les tirer. Un cas s'est déclaré à Conakry, où les accès pernicieux sont assez rares, puisqu'en trente-quatre mois le chef du service de santé actuel n'a observé que ce cas; nous devons ajouter que la victime, au moment de son arrivée en Guinée, présentait, à cause de sa mauvaise constitution, une faible résistance au poison malarien.

Si l'on excepte ce cas mortel, on peut dire que les affections paludéennes ont été en 1902 moins graves que les années précédentes. Jamais cependant on avait remué autant de terre. Pour poser les tuyaux de la conduite d'eau de la ville, on a creusé, dans toute la longueur des rues, d'énormes tranchées ayant $1^{m},50$ environ de profondeur. Ces travaux ont duré pendant tout l'hivernage, c'est-à-dire pendant la saison la plus dangereuse. On peut en conclure que la terre de Conakry est peu fébrigène.

Les affections du foie ont été aussi nombreuses que l'année précédente; il n'y a pas eu d'hépatites suppurées. On a observé quelques cas rares d'hépatite, de nombreux cas de congestions du foie et de coliques hépatiques.

La dysenterie et la diarrhée endémique sont restées rares. Le ténia continue à être fréquent.

Les maladies sporadiques et chirurgicales n'ont rien présenté d'intéressant à signaler. La tuberculose, qui est heureusement rare, évolue très rapidement; aussi a-t-on rapatrié d'urgence deux fonctionnaires, qui en présentaient les premiers signes.

Maladies des indigènes. — C'est surtout pour les maladies chirurgicales que les indigènes viennent demander des soins. Après les maladies chirurgicales, ce sont des affections des voies respiratoires, les diarrhées, les rhumatismes et les embarras gastriques, qui les atteignent le plus souvent.

Les maladies vénériennes sont excessivement fréquentes chez eux. En 1902, on a soigné de nombreux cas de gale, de ténia, quelques cas de lèpre, d'éléphantiasis, un cas de pied de Madura et cinq ou six cas de filaire de Médine.

Les affections paludéennes sont chez eux beaucoup plus rares que chez les Européens; on a cependant constaté plusieurs cas, mais tous sans gravité.

Service sanitaire. — Le cas de typhus amaril, qui s'est produit en décembre 1901 en Guinée, est heureusement resté isolé, grâce aux mesures sévères de désinfection prises immédiatement. Il n'y a pas eu en 1902, en Guinée, de maladie épidémique. La fièvre jaune qui a sévi à Grand-Bassam, a obligé le service sanitaire à prendre des mesures très sévères vis-à-vis des provenances de la côte d'Ivoire. Une surveillance très active des bateaux provenant du sud, et le refus de toute communication aux bateaux ayant touché à Grand-Bassam pendant l'épidémie, a permis d'éviter le fléau.

Le lazaret, commencé en 1901, a été mis à la disposition du service sanitaire en avril 1902. Il peut recevoir et isoler une quarantaine d'Européens et plus de cent indigènes. Comme il existe deux pavillons pour Européens, il est facile de séparer des passagers provenant de bateaux différents, arrivés à différentes dates.

Le lazaret possède une étuve Genest et Herscher et trois locaux pour désinfection au formol.

La ville de Conakry a donc été dotée, dès le commencement de 1902, d'un magnifique hôpital pour Européens, d'un vaste hôpital pour les indigènes et d'un important lazaret.

OBSERVATIONS MÉTÉOROLOGIQUES FAITES A L'HOPITAL DE CONAKRY

pendant l'année 1902.

		JANVIER	FÉVRIER	MARS	AVRIL	MAI	JUIN	JUILLET	AOUT	SEPTEMBRE	OCTOBRE	NOVEMBRE	DÉCEMBRE	ANNÉE 1902
Températures extrêmes	Maxima	28°8	29°	31°2	33°	33°2	33°5	28°4	28°4	27°8	29°	29°	29°	33°5
	Minima	23°8	23°2	21°	23°	22°4	22°8	21°	22°9	22°	23°8	21°	23°4	22°4
Moyenne des températures	Maxima de chaque jour	27°7	27°8	30°	30°5	31°3	27°1	27°4	26°4	26°7	27°5	28°	28°5	28°1
	Minima de chaque jour	24°8	25°1	25°2	25°4	25°3	25°5	25°2	24°9	24°1	25°1	26°	25°3	25°2
	Du mois	26°2	26°5	27°3	27°9	28°4	26°3	26°3	25°5	25°4	26°3	27°	26°7	26°6
Pressions barométriques extrêmes	Maxima	765	767	765	767	768	767	769	768	768	768	766	767	769
	Minima	763	763	762	762	763	764	764	764	763	764	763	764	762
Moyenne des pressions barométriques		763.9	764.5	763.3	764	764.8	765.2	766	765.3	765.4	765.8	764.2	764.8	764.7
États hygrométriques extrêmes	Maxima	94	94	94	100	100	100	90	92	89	87	88	80	100
	Minima	60	51	47	30	33	71	72	70	72	68	49	32	47
Moyenne des états hygrométriques		84	77	72.5	81.3	80	80	82.5	82.6	80	77	71.7	69	78.9
Nombre de jours de pluie		0	0	4	8	13	25	29	29	27	21	6	1	163
Quantité de pluie tombée		0	0	8m/m 3	47m/m 9	170m/m 3	560m/m	1.218m/m 6	1.001m/m 2	947m/m 7	583m/m 1	43m/m 1	0	4m580m/m 2
État du ciel compté de 0 à 10 (moyenne)		1.7	2.26	1.7	2.8	4	5.5	6	6	7.2	6	4.1	3.6	4.3
Nombre de Tornades		0	0	0	5	11	10	2	2	4	10	3	1	48
Nombre de jours de tonnerre		0	0	0	11	12	22	15	11	8	15	11	1	106

MÉTÉOROLOGIE

Nous donnons ci-joint trois tableaux :

Le premier, page précédente, résume les observations météorologiques faites à l'hôpital de Conakry pendant l'année 1902;

Le second établit la comparaison entre les observations météorologiques de 1901 et celles de 1902.

OBSERVATIONS MÉTÉOROLOGIQUES FAITES A L'HOPITAL DE CONAKRY

	ANNÉES	
	1901	1902
Températures extrêmes.		
Maximum	33°2	33°5
Minimum	23°	22°4
Moyennes des températures.		
Maxima de chaque jour	28°7	28°1
Minima de chaque jour	25°6	25°2
Moyenne de l'année	27°1	26°6
Pressions barométriques.		
Maximum	767 m/m	769 m/m
Minimum	762 m/m	762 m/m
Moyenne des pressions de l'année	765 m/m	764 m/m 7
États hygrométriques.		
Maximum	93	100
Minimum	8	17
Moyenne des états hygrométriques de l'année	72.5	78.9
Nombre de jours de pluie	199	163
Quantité de pluie tombée	5.415 m/m 8	4.580 m/m 2
État du ciel compté de 0 à 10 : moyenne	4.35	4.3
Tornades	83	48
Tonnerre	85	106

Enfin le troisième est le résumé des observations météorologiques faites en 1902 dans les stations de Conakry, Siarrhéa et Kissidougou.

COMPARAISON DES OBSERVATIONS MÉTÉOROLOGIQUES

faites pendant l'année 1902 dans les stations de Conakry, Siarrhéa et Kissidougou.

	CONAKRY.	SIARRHÉA.	KISSIDOUGOU.
Températures extrêmes.			
Maximum	33°5	36°5	37°5
Minimum	22°4	18°5	11°5
Moyennes des températures.			
Maxima de chaque jour	28°1	30°38	32°5
Minima de chaque jour	25°2	22°09	20°1
Moyenne de l'année	26°6	26°23	26°1
Pressions barométriques.			
Maximum	769m/m	765m/m	725m/m
Minimum	762m/m	751m/m	719m/m
Moyenne des pressions du mois	764m/m7	760m/m4	721m/m9
États hygrométriques.			
Maximum	100	»	100
Minimum	17	»	32
Moyenne des états hygrométriques du mois	»	»	»
Nombre de jours de pluie	163	169	154
Quantité de pluie tombée	4.580m/m2	3.580m/m1	2.030m/m7
État du ciel compté de 0 à 10 : Moyenne	4.3	»	5.9
Tornades	48	»	17
Tonnerre	106	»	25

TRAVAUX PUBLICS

PERSONNEL

L'effectif du personnel des Travaux publics de la Colonie a été le même que celui de l'an dernier :

Un conducteur de 1re classe, chef du service ;

Un commis de 1re classe ;

Un commis de 2e classe (en congé pendant 7 mois);

Un commis de 4e classe.

Le personnel indigène est toujours composé de :

Un comptable sénégalais ;

Un magasinier indigène ;

Un écrivain dessinateur ;

Un écrivain ;

Un maître-menuisier ;

Un surveillant.

Quatre autres agents indigènes ont été nommés au mois et payés sur les travaux. Ce sont :

Deux chefs de chantier ;

Un surveillant dessinateur ;

Un mécanicien.

Les dépenses de personnel sont montées à 30.930 fr. 66, ce qui représente les 3,6 % des dépenses totales gérées par le Service pendant l'exercice. — Celles-ci sont montées à : 1.090.406 fr. 86, dont :

Pour les travaux maritimes	92.654 42
Pour les bâtiments civils (1)	300.437 36
Pour les travaux de voirie (2)	254.577 36
Pour les travaux d'entretien	120.323 92
Pour les dépenses diverses	78.022 04
Pour la conduite d'eau (2e lot)	203.728 11
Pour cessions aux autres services	40.663 65
Total égal	1.090.406 86
Total du matériel de l'article 1er	886.678 75
Conduite d'eau (2e lot)	203.728 11
Total	1.090.406 86

(1) Y compris l'achat de 4 immeubles.

(2) Y compris 30.000 francs d'expropriation d'un terrain.

TRAVAUX MARITIMES : ÉLARGISSEMENT DE LA JETÉE DE CONAKRY

La partie de la jetée de Conakry, construite en maçonnerie en 1896, sur les roches découvrant aux basses mers, ne mesurait que 5 mètres de largeur en tête, alors que le reste du warf en a dix. L'Administration a donc décidé son élargissement à l'ouest

Warf de Conakry à marée basse. — Accostage d'un paquebot.

sur les 150 mètres de longueur que mesure cette partie. Ce travail a été fait à l'aide d'un cordon d'enrochement en blocs naturels du côté extérieur avec remblai à l'intérieur.

Ce travail est revenu à 15.000 francs.

PROLONGEMENT DE LA JETÉE DE CONAKRY

A la suite de la mission en Guinée de M. Fontaneille, ingénieur des ponts et chaussées, inspecteur des Travaux publics des Colonies, l'Administration a décidé de faire prolonger la jetée du Service local de Conakry pour permettre à des vapeurs de commerce de 5 à 6 mètres de tirant d'eau d'accoster le long de cet ouvrage. Un quai de 100 mètres de longueur, avec des fonds suffisants, ainsi constitué, mettait le navire complètement à l'abri du courant et de la houle.

On n'a pu terminer en temps voulu les travaux de prolongement projetés, l'approvisionnement des pilotis ayant été sus-

Le *Stamboul*, accosté au warf de Conakry.

pendu pour des raisons de force majeure. On fait 30 mètres sur 50.

C'est le 6 janvier dernier que le premier vapeur de commerce, steamer *Montaigne,* capitaine Morandière, a accosté le long du warf de Conakry.

Ce vapeur était chargé de 3.500 tonnes de rails et de traverses pour le chemin de fer Conakry-Niger. Il est resté de 10 à 12 jours le long du warf. Quelque temps après, le vapeur *Baltique* a accosté également. Ces navires n'ont éprouvé aucune difficulté, tant pour accoster que pour opérer. La *Baltique* a même séjourné le long du warf pendant un raz-de-marée assez violent avec forte brise du nord-ouest, sans inconvénient aucun pour le navire et le warf.

Divers travaux d'achèvement sont projetés cette année, tant pour le prolongement de l'appontement que pour compléter les moyens d'amarrage. Le chemin de fer doit également prolonger sa voie marine jusqu'à l'extrémité, cela pour faciliter le dégagement des matériaux et marchandises en permettant au navire accosté de charger directement sur les plates-formes du chemin de fer. Toutes ces améliorations vont être entreprises incessamment.

Les dépenses exécutées, cette année, pour les travaux de prolongement du warf ont été de 61.140 fr. 81.

. . . .

APPONTEMENT COUVERT POUR LES EMBARCATIONS

Les embarcations, baleinières, canots, etc., du Service local étaient jusqu'ici remisés sous un hangar édifié au bord de la mer. Pour mettre une de ces embarcations à l'eau, pendant la mer haute, cela allait encore assez facilement, mais il n'en était plus de même à mer basse. Il fallait alors tirer et traîner sur un fonds rocailleux les canots dont on pouvait avoir besoin, cela sur 120 mètres. On voit les réparations coûteuses que ces embarcations nécessitaient de ce fait. On a donc procédé à la construction d'un petit appontement couvert qui servirait spécialement à ces embarcations.

Cet appontement a été construit dans l'axe du boulevard : il mesure 50 mètres de longueur sur 3 mètres de largeur. Il peut recevoir quatre embarcations abritées sous une toiture et supportées par la charpente disposée en forme de porte-manteaux. Les embarcations sont hissées à leur place à l'aide de palans. A l'extrémité de cet appontement a été disposé un escalier pour l'embarquement ou le débarquement des passagers.

Cet ouvrage est revenu à 8.787 fr. 60.

FEU DE PORT A MATAKON

Un feu de port de 0,30 diamètre, placé sur un pylône en charpente de 12 mètres de hauteur, a été édifié par 9°16'10 latitude nord et 15°45 longitude ouest sur l'île Matakon. Ce feu est blanc et a été allumé le 1er janvier 1903. Sa hauteur est exactement de 22 mètres au-dessus du niveau des hautes mers. Sa portée est de 6 milles.

Feu de Matakon.

L'éclairage de ce point était indispensable à la sécurité du cabotage.

La surveillance de ce feu est assurée par les soins du chef du poste des Douanes de Matakon.

Les dépenses ont été de 4.726 fr. 01.

FEU DE PORT A CONAKRY

On a installé un feu de même intensité pour l'extrémité du warf de Conakry en remplacement du feu actuel, de 0.25 trop faible. Ce dernier est destiné à Victoria (Rio-Nunez).

Le feu de Conakry n'a pu être mis en place par la même raison qui a empêché le prolongement du warf. Le pylône est prêt à être mis en place dès l'achèvement de l'appontement; le feu sera placé à 10 mètres de hauteur au-dessus du warf, soit à 11 mètres au-dessus des hautes mers.

Il a été dépensé 3.000 francs à la construction du pylône et à l'achat de la lanterne, des lampes, du paratonnerre, etc.

BATIMENTS COLONIAUX

Caserne de Milice. — La construction, édifiée d'une façon sommaire, de 1892 à 1896, pour servir de prison à Conakry, étant devenue, dans ces dernières années, absolument insuffisante

Caserne de milice et commissariat de police.

pour recevoir les prisonniers, au nombre d'une centaine; d'un autre côté, l'installation se trouvant aujourd'hui au milieu du quartier européen, l'Administration a décidé de reconstruire une nouvelle prison dans un quartier plus retiré et suivant un plan d'ensemble bien arrêté.

Vu la connexité des services de la police, milice et prison, on a décidé du même coup d'adjoindre à la prison une caserne de miliciens, ainsi qu'une habitation pour le commissaire régisseur.

Le projet d'ensemble qui a été approuvé comprenait donc :

Milice. — Une caserne comportant un pavillon central à étage placé dans l'axe du terrain à 5 mètres en arrière de l'alignement de la 11e Avenue au lot n° 86. (Voir le plan d'ensemble annexé au rapport.)

Ce pavillon comprend trois pièces au rez-de-chaussée, un magasin pour les effets, un bureau pour le commissaire régisseur et une salle de garde. A l'étage, 4 pièces servant de logement. Deux galeries de 3 mètres de largeur règnent sur les grandes façades tant au rez-de-chaussée qu'à l'étage. Ce bâtiment est entièrement en maçonnerie : les planchers de l'étage sont en fer et béton avec carrelage en ciment ; la couverture est en tôles ondulées sur charpente en bois ; l'aération est obtenue par des œils-de-bœuf dans les pignons et par des lucarnes.

Deux ailes font suite au bâtiment central, mais ne comportent pas d'étage, elles sont également en maçonnerie, aires bétonnées et cimentées, galeries de 3 mètres sur les façades (grandes). Couverture en tôles. Chaque aile comprend 12 chambres pour ménages et deux grandes pièces pour les célibataires.

La longueur totale de ce bâtiment est de 76 mètres : il est orienté est-ouest. Cette construction est revenue à 90.918 fr. 55.

Prison. — Le projet d'ensemble comporte une prison en forme de croix à 4 branches formant chacune un pavillon distinct de 17 mètres de largeur sur 37 mètres de longueur : à l'intersection de ces quatre bâtiments est prévu un hall de 16 mètres de côté surmonté d'une toiture dominant les autres pavillons pour la facilité de la surveillance.

Cette prison est prévue entièrement en maçonnerie de pierres du pays, aires bétonnées et cimentées, plafond en ciment armé comme à l'hôpital Ballay, couverture en tôles ondulées, hauteur des pièces $4^m,50$ sur un soubassement de $0^m,50$. On trouvera, au plan d'ensemble de cette prison, l'affectation prévue pour chacun des pavillons.

La disposition arrêtée au programme permet de n'entreprendre les pavillons qu'au fur et à mesure des besoins ou des ressources budgétaires. L'aération des pavillons de la prison serait assurée par de larges baies dans les pignons et par des impostes grillagés placés assez haut pour que le soleil ne puisse y entrer, de même que la pluie; des auvents seraient disposés sur chaque grande façade.

AGRANDISSEMENT DES ATELIERS DE L'IMPRIMERIE

La nécessité d'agrandir l'imprimerie du Gouvernement à Conakry se faisait sentir depuis quelques années déjà, notamment depuis l'arrivée de nouveaux ouvriers européens. Une salle

Conakry. — Imprimerie du Gouvernement.

unique de 15 mètres sur 5 mètres servait d'atelier de tirage et de composition.

On décida la construction au rez-de-chaussée de deux annexes de 6 mètres de longueur chacune sur la même largeur que le bâtiment central, ce qui doublait la superficie des ateliers. Ces annexes ont été construites sur le même type que le reste du bâtiment et servent actuellement : l'une, de salle de reliure; la seconde, de salle de composition, alors que la pièce centrale est uniquement réservée aux machines. Enfin une aile en retour de 5 mètres de largeur sur 8 mètres de longueur a été également édifiée pour servir de magasin à papiers et imprimés.

Les travaux ont été exécutés partie à l'entreprise, partie en régie.

Les dépenses sont montées à 15.001 fr. 54.

MAGASIN POUR LES ARCHIVES DES DOUANES

L'annexe servant de cuisine, tant à la caserne des Douanes qu'à l'hôtel du chef de service, a été agrandie du côté sud pour recevoir, au rez-de-chaussée, les archives du Service. A l'étage, on a ménagé, du côté ouest, une pièce servant d'office pour les préposés et, du côté est, une autre pièce comme bureau du chef de service.

Les aires de l'étage sont en béton et carrelage ; couverture en tôles. Les dépenses sont montées à 5.775 fr. 78.

PERSIENNAGE DE L'ÉCOLE LAÏQUE

L'école laïque, construite en 1899, comporte à l'étage deux galeries de 3 mètres de largeur. La direction du chemin de fer qui occupe provisoirement cet immeuble ayant demandé le persiennage de ces galeries, ce travail a été effectué dans le courant de l'année dernière.

Le travail est revenu à 2.211 fr. 90.

PERSIENNAGE DU PAVILLON DES SŒURS A L'HOPITAL BALLAY

Le persiennage du pavillon des sœurs de l'hôpital Ballay a également été effectué l'an dernier tout autour des galeries de l'étage.

La dépense a été de 7.386 fr. 20.

ÉCOLE DES FRÈRES

La Colonie ayant acheté un groupe de trois immeubles à la Société du Haut Niger, en vue d'y installer l'école des Frères, on a dû aménager ces bâtiments pour leur nouvelle destination.

Les dépenses ont été de 3.000 francs.

BATIMENT DES CLASSES A L'ÉCOLE DES FRÈRES

Un bâtiment de trois salles mesurant chacune 8 mètres sur 8 a été commencé le 28 janvier 1902, les travaux devant être terminés le 28 février. Malgré toute l'activité déployée, on n'a pu finir complètement pour cette date. Il restait la menuiserie et les plafonds pour avoir terminé.

Les travaux exécutés au 28 février comprennent la maçonnerie complète du bâtiment (170 mètres cubes), les bétons (20 mètres cubes), la charpente en pitchpin avec la couverture en tuiles, les enduits au mortier (500 mètres carrés).

Nous avons dit que ce bâtiment comprenait trois salles de 8 mètres sur 8 ; des cloisons mobiles en bois seront disposées pour servir de séparations, de façon à permettre, les jours de solennités, de n'avoir qu'une salle unique de 25 mètres sur 8 de largeur.

Les dépenses faites, au compte de l'exercice 1902 pour la construction de ce bâtiment, ont été de 15.933 fr. 66.

PROTECTION DU NOUVEL HOPITAL ET DE LA POUDRIÈRE CONTRE LA FOUDRE

Un système de protection contre la foudre, basé sur le principe de l'épanouissement des conducteurs ; a été appliqué au nouvel hôpital et aux deux magasins à poudre du commerce situés près de Tumbo. Ces constructions étant couvertes par des toitures en tôles ondulées, on a relié celles-ci au sol à l'aide de conducteurs en câbles métalliques galvanisés. Un câble de ceinture relie ces derniers à la mer.

Les dépenses pour ces travaux ont été de 1.973 fr. 12.

LAZARET

Il restait quelques petits travaux de parachèvement à faire et qui n'avaient pu être terminés à la clôture de l'exercice 1901.

Les dépenses sont montées à 1.895 fr. 29.

DISPENSAIRE

De même pour le dispensaire. Comme nous l'avons d'ailleurs expliqué au rapport d'ensemble de l'an dernier, la construction du dispensaire avait été un moment arrêtée à cause des nombreux travaux du bâtiment exécutés en 1901. On a dû finir au compte de l'exercice 1902 les menuiseries, plafonds, les cimentages, peintures, etc.

Les dépenses sont montées à 6.744 fr. 21.

HOPITAL BALLAY

Au 28 février 1902, date de la clôture des travaux de l'exercice 1901, il restait la clôture et la grille à monter ; la clôture mesure 430 mètres. Enfin on a dû terminer l'installation des appareils de la buanderie, de la salle d'hydrothérapie, etc.

Montant des dépenses : 15.476 fr. 80.

Le tout à la mer à l'hôpital Ballay. — Pour que l'hôpital Ballay, terminé en avril 1901, fût absolument complet, il restait à y appliquer le tout à l'égout que nous appellerons ici le tout à la mer, vu la proximité de celle-ci. L'Administration a donc décidé l'exécution des travaux sanitaires en question, travaux qui ont été faits, en partie, par l'entrepreneur de la conduite d'eau. Nous disons en partie, car, malgré toute la célérité possible, on n'a pu accomplir au 28 février que les trois quarts de la besogne. Les travaux continuent au compte de l'exercice actuel et nous espérons qu'ils seront entièrement finis pour la saison des pluies.

Les travaux exécutés entièrement au 28 février comprennent : 702^{m},65 de canalisation en grès vernissé du diamètre de 0,10, intérieur, au diamètre de 0,25 ;

2 réservoirs automatiques de chasse de 50 litres ;

14 appareils sanitaires,

5 regards avec tampons hermétiques ;

1 évier.

Il reste à poser :

40 mètres de tuyaux grès de 0,25 et 30 mètres de tuyaux fonte de 0,25 (cette dernière conduite doit être placée à la mer);

7 siphons ramasse-boue ;

1 réservoir de chasse automatique.

Enfin des canalisations d'eau ont été placées pour l'alimentations des réservoirs pour appareils sanitaires, dans les chambres de douches, à la pharmacie, à la salle des consultations, aux cuisines, buanderies, à l'appareil de désinfection, à la chambre mortuaire, etc...

Les dépenses ont été de 14.927 francs pour les travaux du tout à la mer.

MARCHÉ DE BOKÉ

L'importance et le développement que ne cesse de prendre Boké a nécessité la construction d'un marché public, lequel a été édifié au milieu de la ville.

Ce bâtiment mesure 25 mètres de longueur sur 8 de largeur. Il est couvert en tôles ondulées sur charpente en bois. Les aires sont bétonnées et cimentées.

Cette construction est revenue à 5.211 fr. 78.

VOIRIE

ROUTE ET PONTS DU BADI

Cette route a été construite de 1891 à 1893; elle part de Dubréka dans la direction du Badi, mais n'a été réellement faite que jusqu'à Tonia, au kilomètre 27. Les ponts, très nombreux sur ce parcours, ont, pour la plupart, été édifiés sommairement avec les matériaux dont on disposait sur place. Seuls les ponts de Doiama, Cassanga et Tonia avaient été construits avec des matériaux de choix. Il en est résulté que tous les ponts sans exception, de

Dubréka à Cassanga, ont disparu ainsi que de nombreux ponceaux faits en bois du pays. Le pont de Cassanga a tenu bon, à part quelques madriers pitchpin du platelage. De même celui de Doiama. Quant au pont de Tonia, il avait été construit entièrement métallique. Il est du système Moisant, a 18 mètres de portée, platelage en bois. Une crue très violente de la rivière Tonia l'a emporté de dessus ses culées, il y a trois ans. On l'a donc fait démonter et remonter sur de nouvelles culées en maçonneries plus hautes que les précédentes.

Les travaux de réfection de ces ponts sont revenues à 10.790 fr. 17.

ACHÈVEMENT DE LA VOIE DECAUVILLE

Réseau de 0,50 à Conakry.

Historique. — La voie Decauville date de décembre 1897. Auparavant, aucun moyen public de transport n'existait entre la jetée du service local, d'ailleurs inachevée, et la ville. Deux maisons de commerce, possédant chacune un débarcadère, avaient relié ce débarcadère à leur factorerie, à l'aide d'une voie Decauville. En dehors de ces tronçons de lignes particulières, le seul moyen de véhiculage consistait à faire traîner, à l'aide de charrettes à bras et 5 à 6 hommes, de 100 à 200 kilos. Les balles de tissus étaient roulées du warf en ville, et le petit caissage porté à tête d'homme.

Le service des Travaux publics possédant 2.200 mètres de voie Decauville pour ses chantiers, dont une grande partie en rails de 4^{k},500 et le reste en 7 kilos, l'Administration l'a fait placer dans le milieu du 3e Boulevard en partant de la jetée. (Voir le Rapport d'ensemble, année 1898.)

En 1889, on obtint un crédit pour l'achat de 2.500 mètres de voie plus forte, rail de 9^{k},500, et il fut dès lors possible de doubler la voie du 3e Boulevard, alors dénommée avenue du Commerce. Depuis ce moment, le réseau Decauville a continué de progresser et l'on a pu annuellement ajouter un tronçon au précédent et arriver aux résultats que nous exposerons plus loin.

Voie Decauville à Conakry. — Transport de grosses pierres.

Développement du réseau. — Le réseau comprenait au 1er janvier 1903 exactement 9.700 mètres, dont la plus grande partie (8.500 mètres) est en rails de 9k,500; le reste est encore en rails de 7 kilos.

Les lignes partant du warf du Service local où l'on doit les compléter prochainement par l'addition de deux autres voies, rejoignent le 3e Boulevard où elles sont au nombre de deux (une montante, appelée voie d'aller, et une descendante, dite voie de retour), parcourent ce Boulevard dans toute sa longueur. Des embranchements principaux desservent les deux principales avenues de la ville (6e et 11e) et une partie de l'Avenue 10e pour revenir au warf par le 8e Boulevard où le Decauville traverse le chemin de fer Conakry-Niger.

Des aiguillages particuliers mettent la plupart des maisons de commerce en communication avec les voies principales et facilitent extraordinairement les transports, soit d'une maison à une autre, soit de cette maison de commerce au warf et réciproquement.

Description de la voie. — *Voies publiques.* — La voie mesure 0,50 d'écartement en dedans du rail ; celui-ci est du type Vignole, miniature du rail des compagnies de chemin de fer, avec une largeur de patin proportionnellement plus grande ; son poids au mètre courant est de 9k,500 i/n 0,000,016,976,380.

Le rail de 7 kilos dont il existe encore certains embranchements, est destiné à disparaître de la voie publique pour être employé sur les chantiers de travaux ; nous n'en parlerons donc pas.

Les traverses de la voie de Conakry sont en acier à U de 0,125/0,025 ; elles débordent de 0,15, elles sont au nombre de huit par bout de cinq mètres et sont rivées aux rails.

Voies particulières. — Les voies particulières installées dans les factoreries ou autres établissements sont de plusieurs types et la force du rail varie de 4k,500 à 9k,500 en passant par le rail de 7 kilos surélevé (profil belge). Nous estimons le développement des voies particulières à plus de 2.000 mètres. Certaines maisons importantes en emploient de 200 à 250 mètres pour relier leur moindre magasin de dépôt ou de manutention à la voie principale.

Matériel roulant du commerce. — Ainsi qu'on le verra plus loin, au paragraphe « Exploitation », chaque établissement fournit ses véhicules appropriés à la nature et à l'importance du trafic. C'est ainsi que les wagonnets les plus disparates circulent en ville, depuis le truc très bas pour les lourdes charges, tels les rails du chemin de fer, traverses et tuyaux de la conduite d'eau, jusqu'aux wagonnets fourragères pour les matières encombrantes, jusqu'aux voitures de promenade, d'inspection, de malades, etc.

Matériel roulant des Travaux publics. — Le Service ayant à assurer un transport assez considérable de matériaux, entre autres les blocs naturels pour l'enrochement de la jetée, on a dû se préoccuper de réunir un matériel solide et convenant parfaitement à la nature des transports à effectuer. On a dès lors divisé le matériel roulant en deux catégories bien distinctes : matériel roulant destiné exclusivement à la traction par locomotive et matériel roulant pour la traction à bras d'homme.

Conditions d'exploitation. — On a expliqué, au Rapport de l'année 1900, que la voie de Conakry était mise à la disposition du commerce et des particuliers moyennant un droit fixe de 1 franc par tonne, les intéressés fournissant eux-mêmes les véhicules appropriés à leurs besoins; ils se chargent également de la traction. C'est le système qui fonctionne à Rufisque (Sénégal) et que le Service des Travaux proposa en 1898. Cependant ce prix de 1 franc est reconnu trop bas pour que l'exploitation en devienne rémunératrice. Un tel tarif se comprenait, alors que la ligne principale n'allait pas au delà de la 6e Avenue, mais aujourd'hui que toutes les maisons de commerce, sans exception, sont reliées au warf, le Service estime que la taxe en question devrait être portée à 2 francs, qui est d'ailleurs le prix officiel de la tonne à Rufisque.

Recettes. — Voici les recettes de la voie de 0,50 pendant ces trois dernières années :

1899	8.859 francs
1900	8.717 —
1901	5.945 —

En 1902, les recettes sont montées à 12.488 fr. 35 (pour Decauville et grues).

Conclusions. — Comme l'on a pu s'en rendre compte par les lignes qui précèdent, le réseau de voies de $0^m,50$ de Conakry est la solution du chemin de fer pour tous : pour un droit modique, les wagonnets de promenade ne paient même aucune taxe, tout le monde a droit d'y circuler. Ce mode de transport est tellement entré dans les habitudes locales, malgré le peu de temps de sa mise en service, qu'on ne peut plus s'en passer.

Ce système convient on ne peut plus au tempérament du Noir, et il faut avoir vu, pour bien en apprécier les avantages, les charges énormes que peuvent transporter deux ou trois hommes à l'aide d'un wagonnet et à des allures qu'on ne pourrait se permettre sur route, avec des voitures à traction animale, si parfaite que soit la chaussée.

Ces petites voies ferrées n'enlaidissent nullement les rues et avenues, comme l'on pourrait croire : elles leur donnent, au contraire, un cachet de ville industrielle qui a son charme.

ACHÈVEMENT DU 3e BOULEVARD

En 1899, les travaux du 3e Boulevard avaient été exécutés depuis le warf du Service local jusqu'à l'intersection de ce Boulevard avec la 8e Avenue. Dans la partie située au delà, de grandes mares d'eau stagnantes se formaient pendant la saison des pluies, surtout aux abords de la 6e Avenue. De même, plus loin, vers le Jardin public, les eaux de pluie n'étant pas canalisées, envahissaient les factoreries situées le long de l'Anse du Dragonnier.

L'administration a donc décidé de terminer les travaux du 3e Boulevard, suivant le programme d'ensemble arrêté pour la voirie de Conakry, c'est-à-dire de construire un aqueduc canalisant les eaux depuis la 6e Avenue jusqu'à l'Anse du Dragonnier et l'édification de la chaussée et des trottoirs suivant le profil de la première partie. Les travaux ont commencé fin février et ont été entièrement terminés fin août. Ils consistent en un aqueduc de 540 mètres, allant depuis la 6e Avenue jusqu'à la mer près des factoreries Colin et Pélizaeus, en quatre aqueducs transversaux de 16 mètres chacun avec regard et tampon en fonte, en 1.260 mètres de bordures de trottoir et caniveaux en béton de ciment. Les trottoirs mesurent 7m,50 de largeur chacun et la chaussée 15 mètres de largeur sur un développement de 570 mètres. Enfin un aqueduc relativement important a été construit dans une partie assez difficile près de l'Anse du Dragonnier, sur la plage.

Les voies Decauville dont nous avons parlé plus haut et qui se trouvaient sur ce boulevard ont été placées d'une façon définitive, en exécutant la chaussée.

A propos de la construction du 3e Boulevard, nous devons

exposer ici, en quelques lignes, le programme que l'administration compte employer pour l'exécution de la voirie du chef-lieu.

La plus forte pluie observée à Conakry a été de $0^{m},08$ en trois heures. Il s'agit donc d'assurer, en plus des eaux ménagères, l'écoulement des eaux pluviales sans que les égouts puissent

Le 3e Boulevard à son intersection avec la 6e Avenue.

fonctionner en conduite forcée et de prévoir des aqueducs de section suffisante.

La forme relativement plate de l'île Tumbo, sur laquelle est bâtie la ville, et sa distribution symétrique en boulevards allant du nord au sud, et en avenues allant de l'est à l'ouest, a fait renoncer à l'emploi d'égouts à grande section faisant office de collecteurs; mais, au contraire, à l'adoption, pour chaque boulevard, d'un égout de section suffisante pour assurer un débit de 900 à 1.000 litres d'eau à la seconde, allant se déverser à la mer au nord ou au sud de l'île. Les eaux des avenues seraient envoyées dans les premiers égouts par des caniveaux bétonnés ou des conduites en poterie de section suffisante. Quant aux chaussées, elles seraient constituées par un empierrement cylindré de $0^m,15$ à $0^m,20$ d'épaisseur.

Cette disposition des égouts permet l'exécution de la voirie de Conakry au fur et à mesure des ressources du budget, en commençant par les boulevards et avenues du quartier européen. Elle n'engage aucunement l'avenir, puisqu'il restera la possibilité de résoudre très économiquement la question des vidanges à l'égout au moyen de conduites sanitaires spéciales placées contre les parois des égouts et allant le plus loin possible en mer. On éviterait ainsi les odeurs qui ne manqueraient pas de se produire sous ces climats torrides avec des égouts servant aux deux usages. Les chasses d'eau pourraient être produites économiquement par une canalisation spéciale à l'eau de mer.

Les travaux d'achèvement du 3e Boulevard sont revenus à 31.381 fr. 57. En ajoutant à cette somme ce qui a été dépensé en 1898 pour la construction de la première partie, on arrive à un total de 65.000 francs, soit, par mètre courant de boulevard, 65 francs.

CONSTRUCTION DU BOULEVARD MARITIME

La partie de la ville de Conakry située à l'ouest de l'île Tumbo a été de tout temps négligée : alors que le centre se couvrait de larges boulevards et de nombreuses avenues plantés d'arbres, toute la côte, depuis la jetée de la Compagnie Française jusqu'à la station du câble était impraticable même aux piétons, et la voirie y envoyait les déchets de la ville, ce qui ne contribuait guère à la salubrité de cette partie. En outre, les pierres de la plupart des constructions édifiées dans les premières années d'existence de la Colonie proviennent de la côte ouest, et il s'en est suivi des érosions du rivage telles, qu'en 1898 l'Administration dut prendre un arrêté interdisant l'extraction des matériaux sur certaines parties du littoral. Ainsi, tout le long de cette côte, depuis l'ancienne ambulance à la station du Câble, la mer avait rongé le rivage sur plus de 20 mètres en dix années. Elle menaçait de couper complètement la partie prévue pour les voies publiques au plan cadastral de 1893.

Toutes ces raisons ont décidé l'Administration à faire exécuter une bonne fois les travaux nécessaires, tout en suivant le programme arrêté pour la voirie.

Conakry. — Boulevard maritime, côté nord.

Ces travaux ont été très importants, ainsi qu'on en jugera par l'exposé qui suit :

Commencés en février 1902, ils ont pu, à grand'peine, être terminés au 28 février 1903, date de la clôture de l'exercice 1902. Nous devons dire qu'ils ont été arrêtés en grande partie, pour des raisons budgétaires, du 1er juillet au 10 novembre.

Les travaux exécutés comprennent :

Des murs de quai en maçonnerie, des aqueducs pour l'écoulement des eaux pluviales et les paquets de mer, des bordures de trottoirs et des caniveaux en béton, et enfin une chaussée de 8 mètres de largeur et deux trottoirs de 4 mètres chacun.

Depuis l'angle du terrain réservé pour le Port de Commerce jusqu'au warf de la Compagnie française de l'Afrique occidentale, dans une partie relativement abritée par ce dernier ouvrage, le mur de quai est en pierres sèches, avec section de forme trapézoïdale : le talus extérieur est à 1/1 avec le parement maçonné sur $0^m,30$ épaisseur. Ce mur décrit une courbe de 320 mètres de rayon et son développement est de 250 mètres. Cube approximatif 2.250^{m3} dont 225 mètres cubes de maçonnerie.

Du warf de la Compagnie F. A. O. à l'extrémité de la 9e Avenue, la construction du mur de quai a été plus soignée : elle a offert également plus de difficulté. Il fallut, en raison de la nature du sol, asseoir les fondations à $1^m,50$ ou 2 mètres de profondeur au-dessous du terrain naturel. Le profil est, comme le précédent, en talus de 1/1 avec revêtement maçonné sur $0^m,50$, d'épaisseur ; mais, à la suite de quelques accidents survenus pendant un raz de marée, on a dû reprendre la partie exposée en la maçonnant sur toute son épaisseur.

Cette partie du Boulevard Maritime est exposée directement aux coups de ressac et pendant les périodes des vents du Nord-Ouest et les hautes mers, des lames de 5 et 6 mètres de hauteur viennent alors s'abattre sur la chaussée.

On a dû consolider celle-ci par un trottoir bétonné sur toute sa largeur et un mur de garde de $0^m,50$ d'épaisseur sur $0^m,70$ de hauteur et enfin assurer un écoulement rapide et facile aux eaux ainsi envoyées sur la route. Ces temps derniers, on a même, et par excès de prudence, fait commencer un brise-lames en blocs naturels placés à quelques mètres en avant du mur. Il remplit parfaitement son office et fait espérer qu'il n'y aura plus de dégâts à craindre de ce côté.

De l'Avenue n° 9 à l'avenue n° 5, le Boulevard fait un détour pour regagner l'alignement nord-sud des autres boulevards. Un mouvement de terrain assez important a eu lieu derrière l'ambulance (l'ancienne). Il fallut déblayer un épi rocheux sur plus de 2^{m},50 de hauteur, latérite très dure qui a nécessité l'emploi constant de la mine.

Le cube le plus fort a été nécessité par le remblai de la partie rongée par la mer depuis l'imprimerie jusqu'à la station du Câble. Il y a eu là environ 12.500 mètres cubes. Devant la

Conakry. — Boulevard Maritime devant la Compagnie F. A. O.

Compagnie Française a eu lieu également un autre remblai élevé : 3.500 mètres cubes.

Une grosse économie (10.000 francs au minimum) aurait pu être faite en employant la locomotive Decauville à tous ces terrassements. On avait disposé les chantiers en conséquence dès la réception de 800 mètres de voie de 0^{m},50 en rail de 9 k. 500 destinée à relier le réseau de la ville à la Poudrière, mais l'arrêt subit des travaux dont nous avons parlé plus haut juillet 1902) a dû faire modifier le programme d'exécution, la voie en question devant être en place à la fin de l'hivernage.

Dans les parties où le trottoir a dû être bétonné à cause des paquets de mer, on a également fait exécuter un mur dit de garde, mesurant 0m,50 d'épaisseur et 0m,70 de hauteur. Ce mur compte 376 mètres de développement en deux morceaux.

Une autre cause d'augmentation des dépenses a été l'obligation où l'on s'est trouvé de contourner un superbe fromager

Conakry. — Boulevard Maritime. Mur de quai à mer haute.

situé au bord de la mer près du Gouvernement et que celle-ci avait presque fait tomber. Il a fallu faire un mur de quai courbe formant rond-point autour de cet arbre et établir des palans et autres appareils de levage pour le redresser.

Les dépenses totales au 28 février pour l'exécution du Boulevard Maritime, ont été de 111.430 fr. 83. En ajoutant à cette somme 5.000 francs nécessaires pour terminer complètement les travaux, on arrive à un total de 116.430 fr. 83 se décomposant ainsi :

Maçonnerie en mortier de ciment (quai)	700 m. c.
— chaux	120 —
— pierres sèches —	3.500 —
Bordures de trottoir en béton de ciment	1.800 m. l.
Caniveaux —	1.800 —
Aqueducs avec regards en fonte	21 —
Mur de garde	132 m. c.
Béton des trottoirs	223 —
Terrassement	20.000 —
Chaussée	1.150 m. l.

Enfin la main-d'œuvre pour l'exécution de ces travaux monte à 42.385 fr. 82, et se décompose en 39.000 journées d'ouvriers et de manœuvres. Le reste (69.044 fr. 98) représente le montant des matériaux.

La Compagnie Française de l'Afrique occidentale, pour montrer tout l'intérêt qu'elle attachait aux travaux susmentionnés, a versé une subvention de 1.000 francs et cédé, à titre gracieux, un terrain de 324 mètres carrés pour le passage du Boulevard en question. Une grande partie des matériaux pour les remblais de la première partie proviennent d'un terrain mis à la disposition du service des Travaux par la Compagnie Française de l'Afrique occidentale.

ROUTE CIRCULAIRE

En même temps qu'on décidait la construction du Boulevard Maritime, l'Administration faisait continuer les travaux de la route circulaire de l'île Tumbo, commencés en novembre 1901, avec la main-d'œuvre pénale. Tant que des prisonniers ont été régulièrement envoyés à ce chantier, on a pu en tirer un assez bon parti. Les hommes, encadrés par des terrassiers de profession, se mettaient petit à petit au courant de nos procédés de travail et se familiarisaient au maniement des outils de terrassement. On a pu ainsi faire la route circulaire sur une bonne moitié de son parcours. Mais dès qu'on eut cessé d'envoyer régulièrement les mêmes individus, l'avancement du travail s'en est ressenti aussitôt. Survint ensuite l'ordre d'arrêter les travaux ou plutôt de n'employer sur ce chantier que cinq terrassiers de profession et quelques prisonniers. Il s'en est suivi un retard dans l'achèvement de la route. Celle-ci aurait pu être terminée facilement pour le 28 février 1903, sinon au 31 décembre 1902, alors qu'il restait, à cette première date, un kilomètre de route encore à faire pour avoir terminé.

Route circulaire. — L'Anse du Dragonnier.

Quinze aqueducs en maçonnerie, variant de 0m,80 à 1m,20 de portée, ont été construits sur le parcours de cette route pour l'écoulement des eaux pluviales.

La route circulaire, comme son nom l'indique, fait le tour complet de l'île Tumbo. Elle part de la 12e Avenue pour rejoindre l'Avenue n° 13 ; de là, passe devant la Poudrière en empruntant l'avenue dite du Chemin-de-Fer, contourne la pointe de Tumbo et le Caravansérail en respectant les manguiers séculaires qui se trouvent dans ces parages, limite les lots de toute la partie sud de l'île depuis l'ancien Lazaret jusqu'au delà de l'hôpital Ballay, suit l'Avenue n° 1 pour se relier enfin au Boulevard Maritime. Le parcours total est de 7 kilomètres ; il est des plus pittoresques et ne tardera pas à être très suivi, sitôt les travaux terminés. On pense que ceux-ci seront achevés fin mars. Il restera à cylindrer la route pendant les pluies de l'hivernage.

La largeur actuelle de cette route est de 6 mètres. Son profil a été étudié en vue de pouvoir servir sans modification, lors des travaux de voirie ; en ajoutant à cette route des bordures et des caniveaux en béton, ainsi que des trottoirs, on obtiendra le profil adopté pour le Boulevard Maritime.

Les travaux sont revenus à 24.500 francs, soit 3.500 francs par kilomètre.

PASSAGE Ire AVENUE PRÈS DE L'ANSE DU DRAGONNIER

Lors de l'organisation de la colonie des Rivières du Sud, le 1er janvier 1890, la partie sud de l'île, près de l'Anse du Dragonnier, était occupée par la Société Teuto-Africaine, et ces terrains furent longtemps une gêne pour l'Administration locale qui ne pouvait, dans cette partie de la ville, donner suite à ses projets d'alignement. Le plan cadastral de 1890 avait prévu des rues et des avenues ainsi qu'une zone le long de l'Anse du Dragonnier, mais ce ne fut qu'en 1893 que la question en litige put être réglée en partie. Restait toutefois la factorerie appartenant aujourd'hui à MM. Colin et Cie qui empiétait toujours sur la plus grande largeur de la 1re Avenue, laissant à peine un passage au bord de la mer pour les piétons. De même, tout le 3e Boulevard était fermé du côté sud par cette factorerie.

L'importance qu'a prise, dans ces dernières années, ce 3e Boulevard, s'accroîtrait encore par l'existence d'un débouché dans la partie sud, vu l'éventualité des travaux de Port dans la partie située à droite de l'Anse du Dragonnier. C'est ainsi que fut examiné, à un moment donné, la possibilité de faire aboutir ce 3e Boulevard en ligne droite, au travers de la factorerie Colin et Cie, mais les prétentions des propriétaires étaient telles, que les pourparlers ne furent pas poussés plus loin. On a pu toutefois faire un premier arrangement pour le retrait de trois bâtiments de cette factorerie en suivant l'alignement de la 1re Avenue, conformément au plan cadastral de 1893 contre le payement d'une indemnité de 30.000 francs et la cession d'un terrain de 1.700 mètres carrés au nord de la factorerie.

Enfin, tout récemment, par convention du 17 février 1903, l'Administration a pu, par un simple échange de terrains, donner suite à son intention de prolonger le 3e Boulevard jusqu'à l'Anse du Dragonnier par déviation de 150 mètres de longueur sur 30 mètres de largeur.

CONDUITE D'EAU (2e LOT)

Les travaux de la conduite d'eau (2e lot) comprenaient toute la distribution intérieure à Conakry, à l'exception de la conduite d'amenée, prise d'eau, réservoirs de rupture et de distribution compris au 1er lot. Le 2e lot a été commencé le 1er juillet sous le contrôle du Service des Travaux publics et tous les travaux exécutés par M. Finot, chef des travaux, de Mme Ve Gibault, de Paris, représentant autorisé de la Société anonyme des hauts fourneaux et fonderies de Pont-à-Mousson, société avec laquelle le Ministère des Colonies avait traité, au nom de la Colonie, à la date du 1er octobre 1901 pour la fourniture du matériel et l'exécution de la conduite d'eau de Conakry.

La distribution de Conakry comprend un réseau maillé de 14.204 mètres de développement représentant un tonnage de 285.000 kilogr. Tous les boulevards (du n° 1 à 9 inclus) sont desservis par une conduite placée parallèlement à leur axe et reliés par trois conduites transversales disposées dans les avenues nos 2, 8 et 11. Diverses décharges aboutissant à la mer assurent la vidange des canalisations principales.

La conduite maîtresse de distribution mesure $0^m,30$ de diamètre à la sortie du château d'eau et se divise ensuite en :

1° Conduites de $0^m,25$ desservant le quartier Est;

2° Conduites de $0^m,16$ desservant les quartiers Nord, Sud et Ouest.

La ramification s'étend ensuite dans toute la ville et comprend :

Tuyaux fonte de	$0^m,30$	longueur...............	99 m.
—	$0^m,25$	—	506 —
—	$0^m,20$	—	22 —
—	$0^m,15$	—	1.438 —
—	$0^m,16$	—	1.328 —
—	$0^m,10$	—	1.384 —
—	$0^m,080$	—	7.812 —
—	$0^m,060$	—	1.615 —
		TOTAL........	14.204 m.

Dans la construction des tranchées, lesquelles ont été exécutées en grande partie pendant les pluies de l'hivernage, on a rencontré quelques difficultés qui ont apporté du retard dans le travail. Les pluies ont très souvent comblé les tranchées donnant lieu à des travaux de réfection. La roche que l'on a rencontrée un peu partout a gêné considérablement les fouilles. Le peu d'éloignement des maisons d'habitation n'a pas permis d'utiliser d'une façon constante l'emploi des mines, et très souvent, malgré la dureté de la latérite rencontrée, on a dû ne faire usage que de la barre à mine et de la pointerolle. Ces difficultés ont été toutefois compensées par le parti avantageux que nous avons pu tirer des pierres extraites. Au lieu de fermer les tranchées avec ces pierres, des équipes en régie ont procédé à leur mise en tas le long de la conduite d'eau et, au fur et à mesure des besoins, ces pierres ont été employées dans les chantiers de travaux.

Toutes les conduites ont été essayées, conformément aux prescriptions du cahier des charges, à la pompe hydraulique à la pression de huit atmosphères.

Enfin on a procédé, la pose des tuyaux terminée, à la mise

en place des appareils publics de distribution tels que bornes-fontaines, bouches à incendie, abreuvoirs et lavoirs. Un léger retard s'est produit dans ce dernier travail du fait d'un accident survenu, en Gironde, au vapeur *Montaigne*, affrété spécialement pour le transport du matériel destiné à la conduite d'eau et au chemin de fer.

Les appareils publics de distribution mis en place au 28 février 1903 comprenaient :

Bornes-fontaines avec prise spéciale à incendie..........	26
Bouches d'arrosage et d'incendie..................	16
Lavoirs (en cours de construction).....................	2
Abreuvoirs — —	2

La construction des deux lavoirs et abreuvoirs ci-dessus a été faite en régie par le Service des Travaux publics.

Enfin il ne reste, pour avoir terminé complètement les travaux de la conduite d'eau (2e lot), qu'à placer les jets d'eau, gerbes et les bouches d'arrosage nécessaires dans les divers jardins publics de Conakry. Les travaux prévus au marché passé avec la Société des hauts fourneaux et fonderies de Pont-à-Mousson, pour le 2e lot, ont donc été terminés bien avant la date imposée au marché (31 octobre 1903), grâce à l'activité apportée par M. Finot dans la conduite des chantiers.

On doit commencer sous peu les branchements des abonnés et la distribution dans les bâtiments de la Colonie. Pour faciliter aux abonnés l'établissement de leur distribution intérieure, un marché a été passé avec la maison C. Gibault, pour ces travaux. Une série de prix officielle a été établie pour servir au règlement des travaux effectués. Cette mesure était nécessaire, aucun entrepreneur de plomberie n'existant dans la localité.

A titre de renseignement, nous ajouterons que l'Administration a adopté, pour la distribution de l'eau de source chez les particuliers, le système de vente de l'eau au compteur sur le pied de 0 fr. 50 le mètre cube et la gratuité absolue aux appareils publics. Les compteurs et branchements jusque devant les immeubles sont la propriété de la Colonie : les abonnements sont de trois années, moyennant un droit de location et d'entretien variant de 47 fr. 50 à 85 francs par an, suivant le diamètre des orifices des compteurs, ainsi qu'un droit de prise annuel de 10 francs. On a proposé cette réglementation pour éviter le gaspillage d'eau douce qui se produit quand elle est distribuée sans aucun contrôle. Les recettes ainsi produites payeront les frais d'entretien.

Les dépenses effectuées pour le compte du 2e lot de la conduite d'eau ont été de 203.728 fr. 11 au 31 décembre 1902.

CONDUITE D'EAU AU WARF DE BOKÉ

Une petite conduite de 40 m/m en fonte a été posée entre la source de l'Illiquoui à Boké et le warf, pour pouvoir alimenter les bateaux faisant le service de la rivière, surtout le vapeur local *le Conakry*, qui fait escale deux fois par mois à Boké. Cette conduite mesure 300 mètres. Elle aboutit à une bouche d'arrosage avec prise par col de cygne placée sur le warf. Il a été dépensé 2.119 fr. 97 à ce travail.

CESSIONS AUX AUTRES SERVICES

Comme les années précédentes, le Service des Travaux publics a eu à assurer l'exécution de nombreux ordres de travaux au compte des autres services. Ces ordres ont été, du 1er janvier au 31 décembre 1902, au nombre de 350. En dehors des travaux courants habituels, le Service eut à construire un immeuble entier pour un chef de l'intérieur, à titre de cession remboursable. Les travaux sont revenus à 18.460 fr. 22 entièrement remboursés.

TRAVAUX D'ENTRETIEN

ENTRETIEN DES IMMEUBLES DE CONAKRY

Il a été dépensé 41.437 francs à l'entretien des immeubles de la Colonie, à Conakry. C'est relativement peu, étant donné le nombre sans cesse croissant des constructions à entretenir : cette somme représente à peine le 2,30 % de la valeur locative des immeubles du chef-lieu, celle-ci étant estimée à 1.750.000 fr. en tenant compte des acquisitions récentes. Il y a également lieu de remarquer que quelques constructions ont nécessité des travaux qui sont plutôt des « travaux neufs » que des réparations. C'est ainsi que l'ancien commissariat de police, construit un peu à la hâte en 1898, était complètement envahi par les termites, malgré un soubassement en pierres de 1^{m},40 de hauteur. On a dû supprimer là tous les cadres de portes en bois et les remplacer par des cadres en fer V, refaire toute la toiture, les plafonds, la menuiserie, etc.

Il a fallu également approprier les bâtiments de l'ancienne ambulance à leur nouvelle destination à la suite de l'ouverture de l'hôpital Ballay. L'ancien pavillon des malades était transformé en trésorerie et le bâtiment des sœurs en logements pour fonctionnaires.

ENTRETIEN DES POSTES CLASSÉS

Les postes de l'intérieur, classés comme bâtiments coloniaux par arrêté du 18 novembre 1901, ont reçu, en partie, des réparations sérieuses.

Boké. — Celui de Boké a été remanié après avoir fait disparaître deux vieilles bâtisses masquant la vue et gênant l'aération.

Dubréka. — Le poste de l'administrateur tombait en morceaux, construit qu'il avait été, il y a quinze ans, en bois, sans aucune réparation depuis sept ou huit ans. On a dû refaire entièrement toute la toiture ainsi que la plupart des cloisons qui ne tenaient plus que par la peinture. Une galerie circulaire de 2 mètres a été aménagée tout autour de l'immeuble et dans la partie nord elle a été fermée par une balustrade et des stores. Les aires ont été bétonnées et cimentées partout où cela était nécessaire.

Benty. — Le poste de Benty était presque aussi délabré que celui de Dubréka, avec cette différence qu'à Benty, il s'agissait d'un blockaus en pierres à étage. On a percé des fenêtres à la place de quelques meurtrières, changé les planchers de l'étage rongés aux vers, et enfin construit une galerie sur la façade nord. Le poste annexe a été également réparé ainsi que les cuisines, dépendances, w.-c., etc...

Katonko. — Ce poste de douanes, en pierres, à étage, a également subi quelques petites réparations.

Victoria. — Le poste de Victoria (Douanes) a été l'objet de réparations à la fin de l'hivernage, réparations nécessitées par les dégâts causés par les termites, l'éternel ennemi des constructions en Guinée. On a refait une partie de la charpente, des plafonds et des menuiseries attaquées. Peinture et blanchiment partout.

Kandiafra. — Ce poste, construit sur le Rio Compony, en 1896, était en très piteux état. Sa construction n'avait pas été faite avec tout le soin désirable, et grâce au mortier de terre qui remplaçait la chaux, les termites avaient élu domicile dans les murs et rongé entièrement tout ce qui était en bois : charpente, linteaux de portes, poutres à planchers, etc. On a fait remblayer le soubassement et remplacer les planchers par une aire bétonnée et cimentée. La toiture a été refaite en entier ainsi que les menuiseries. Sitôt fini, ce poste a été classé comme bâtiment colonial par décision en date du 1er janvier dernier.

Les travaux d'entretien des postes désignés ci-dessus sont revenus à 31.149 fr. 12.

MATÉRIEL DES TRAVAUX

Nous ne pouvons passer sous silence l'acquisition faite pour le service des Travaux publics d'un concasseur à vapeur et d'un cylindre compresseur, également à vapeur, pour les travaux de voirie, et d'une grue à vapeur, aussi pour les travaux du warf.

Concasseur. — Celui-ci a été fourni par M. Charles Morel, constructeur, à Domène (Isère). Il est du type n° 3, à mâchoires de 0,50 sur 0,30 d'ouverture, du poids approximatif de 5.000 kilos, donnant un rendement de 3 mètres cubes à l'heure et faisant 300 tours par minute.

Un classeur cylindrique de 0,80 de diamètre sur 3 mètres de longueur opère mécaniquement le triage des pierres cassées à l'anneau de 40 et 60 m/m.

Cette machine est mue par un moteur à vapeur horizontal de 6 chevaux de force fourni par la maison H. Brulé et Cie, de Paris.

L'installation complète a eu lieu à la carrière à blocs, derrière l'hôpital Ballay, et on a commencé, dès le 1er décembre dernier, un approvisionnement de pierres cassées pour les routes. Cette pierre revient à 7 fr. 50 le mètre cube en moyenne, extraction et amortissement compris. Celui-ci est de 161 fr. 88 par mois, l'installation complète étant revenue à 15.000 francs que l'on compte ainsi amortir en dix années.

Cylindre compresseur. — Le cylindre compresseur provient de la maison A. Grillot, de Paris. Nous donnons une reproduction de cet appareil construit spécialement pour la Guinée. Son poids a été, en effet, réduit à 8 tonnes, à cause des ponts relativement légers qui existent sur la route du Niger. Les cylindres sont en tôle d'acier de 20 m/m, les engrenages en acier coulé, deux caissons avant et arrière permettent une surcharge de cailloux. La machine pilon a une force de 6 chevaux. La chaudière mesurant 6^{mq},50 de surface de chauffe peut produire 200 kilos de vapeur à l'heure. Elle est timbrée à 15 kilos, la disposition du foyer permet de brûler du bois. La machine est à deux cylindres dont le diamètre est de 0,095 et la course de 120 m/m variable par le régulateur et la coulisse Stephenson du changement de marche. Le changement de vitesse est obtenu par le train d'engrenage qui donne au rouleau une vitesse de 4 kilomètres environ, à l'heure, pendant le travail, et $5^{km},500$ pendant la marche ordinaire sur route. Le compteur est à 6 chiffres. Une toiture-abri est aménagée pour abriter le conducteur.

Cylindre compresseur à vapeur.

L'alimentation de la chaudière peut se faire, soit à l'aide de la pompe alimentaire, soit avec un petit cheval pendant la marche et l'arrêt.

Enfin cet outillage a été complété par l'achat, au même constructeur, d'un tonneau d'arrosage permettant de ravitailler le cylindre compresseur en eau quand besoin sera. Il comprend une cuve en tôle de 1.000 litres montée sur un châssis à deux roues entièrement métalliques. Il comporte, à l'arrière, un appareil d'arrosage et une pompe aspirante avec robinet à trois eaux.

Le tout, cylindre compresseur et tonneau d'arrosage, est revenu, dans la Colonie, à 13.046 fr. 70.

Grue à vapeur de la Carrière. — Nous avons dit, au Rapport d'ensemble de 1901, que l'extraction et le levage des blocs naturels destinés à l'enrochement de la jetée du Service local se faisaient à l'aide d'une bigue et d'un treuil à vapeur. Ce matériel

Disposition de l'avant-bec pour la construction du warf de Conakry.

étant devenu insuffisant, on a demandé l'acquisition d'une grue à vapeur de 2 tonnes de force, à grande vitesse, montée sur châssis roulant sur voie de 1 mètre.

Quand les travaux d'enrochement de la jetée seront terminés, le Service compte utiliser cette grue au warf pour le levage des marchandises.

L'achat de cette machine est revenu à 9.232 fr. 34.

Le treuil à vapeur de la carrière a été disposé à l'arrière d'une sonnette à déclic ordinaire pour transformer celle-ci en sonnette à vapeur. Nous représentons celle-ci sur l'avant-bec construit aux Travaux publics et permettant une mise en fiche et un battage très rapide des pieux du warf.

SITUATION DES DÉPENSES DU SERVICE DES TRAVAUX PUBLICS PENDANT L'EXERCICE 1902

Nous reproduisons à l'état annexe la situation générale des dépenses directement gérées par le Service, au compte de l'exercice 1902, ainsi que des dépenses effectuées dans les cercles et la conduite d'eau.

EXERCICE 1902

SITUATION DU CHAPITRE V — TRAVAUX PUBLICS AU 30 JUIN 1903, CLOTURE DE L'EXERCICE

NOMENCLATURE DES DÉPENSES	DÉPENSES EFFECTUÉES	TOTAL PAR PARAGRAPHE	TOTAL PAR ARTICLE	TOTAL PAR CHAPITRE	OBSERVATIONS
ARTICLE Ier.					
SERVICE DES TRAVAUX PUBLICS.					
§ 1. — Personnel.	30.930.66	30.930.66	»	»	
§ 2. — Constructions neuves et grosses réparations.					
Élargissement et prolongement de la jetée	76.140.81	»	»	»	
Achèvement du 3e Boulevard.	31.381.57	»	»	»	
— de la voie Decauville à Conakry. . .	20.704.72	»	»	»	
Construction d'une voie Decauville pour la poudrière.	18.650. »	»	»	»	
Construction d'un casernement pour la milice. .					
— d'un hôpital de contagieux.	90.918.55	»	»	»	
Agrandissement des ateliers de l'imprimerie. . .	15.001.54	»	»	»	1. dont Boulevard Mari-
Achèvement de la route circulaire[1].	135.930.83	»	»	»	time. 111.430
Construction d'un local pour archives Douanes. .	5.775.78	»	»	»	Route circulaire.. . . . 24.500
Persiennage pavillon des sœurs, hôpital Ballay. .	7.386.20	»	»	»	
Feux de port à Matakon, Victoria, Conakry. . .	7.726.01	»	»	»	2. Achat immeuble Pou-
Réparations aux ponts du Badi et d'Yatéa. . . .	10.790.17	»	»	»	gnand 55.000
Protection du nouvel hôpital et de la poudrière contre la foudre.	1.973.12	»	»	»	Achat immeuble Colin. . 45.000
Achat de diverses maisons pour le Service local[2].	145.750. »	»	»	»	Expropriation Colin. . . 30.000
Egouts de l'hôpital.	13.158.53	»	»	»	— Bokary Kandé. 2.750
Marché de Boké.	5.211.78	»	»	»	Immeuble Guiraud acheté 13.000
Persiennage du bâtiment d'école.	2.211.90	»	»	»	TOTAL. 145.750
Appontement-abri.	8.787.60	»		»	
Lazaret.	1.895.29	»	»	»	3. Ameublement des
Dispensaire.	6.744.21	»	»	»	locaux 10.256.27
Nouvel hôpital	15.476.80	»	»	»	Culture Camayen. . . 3.497.78
Ecole des Frères.	18.933.66	»	»	»	Matériel de balisage. . 7.316.92
Prise d'eau au warf de Boké.	2.119.97	»	»	»	Service sanitaire . . . 8.906.95
Outillage à vapeur.	5.000.10	»	»	»	Entretiens des embar-
Grosses réparations pour d'autres services[3]. . .	40.663.65	688.332.79	»	»	cations. 10.685.73
TOTAUX.	719.263.45	719.263.45	»	»	TOTAL. . . . 40.663.65

EXERCICE 1902 (suite)

SITUATION DU CHAPITRE V — TRAVAUX PUBLICS AU 30 JUIN 1903, CLOTURE DE L'EXERCICE

NOMENCLATURE DES DÉPENSES	DÉPENSES EFFECTUÉES	TOTAL PAR PARAGRAPHE	TOTAL PAR ARTICLE	TOTAL PAR CHAPITRE
Report.	719.263.45	719.263.45	»	»
§ 3. — Travaux d'entretien.				
Entretien des immeubles à Conakry.	41.437.17	»	»	»
— des immeubles classés dans les postes. .	31.149.12	»	»	»
Réparations locatives.	786.13	»	»	»
Entretien de la voie Decauville.	7.127.99	»	»	»
— des appontements.	3.311.47	»	»	»
— des fonctionnements des grues et mâts de charge	6.330.35	»	»	»
— des routes.	10.033.74	»	»	»
— des rues de Conakry.	19.047.95	»	»	»
— des rues de Boké.	1.100. »	120.323.92	»	»
§ 4. — Dépenses diverses.				
Achat d'une grue à vapeur.	9.232.34	»	»	»
Matériel des travaux.	34.347.50	»	»	»
Lotissement de Conakry, de sa banlieue et de Boké.	12.066.52	»	»	»
Frais d'études	940.71	»	»	»
Fournitures de bureau et de dessin.	1.044.65		»	»
Éclairage de Conakry et de Boké.	4.691.69	»	»	»
Installation d'une plate-forme et d'une fosse à purin à Camayen.	»	»	»	»
Entretien des animaux et du harnachement . . .	2.429.45	»	»	»
Dépenses imprévues.	13.269.18	78.022.04	917.609.41	»
ARTICLE II. — TRAVAUX DIVERS DANS LES CERCLES.				
§ 1. — Entretien et amélioration des postes non classés.	39.013.43	39.013.43	»	»
§ 2. — Routes dans les cercles (personnel). . .	39.442.73	39.442.73	»	»
§ 3. — Matériel [1]	245.680.74	245.680.74	324.136.90	»
Conduite d'eau.	1.169.734.12	1.169.734.12	1.169.734.12	2.411.480.43
TOTAUX.	2.411.480.43	2.411.480.43	2.411.480.43	2.411.480.43

OBSERVATIONS

1. Constructions, entretien des routes, gîtes.	10.963.45
Entretien de la route du Niger de Toumama à Timbo. . . .	8.016.65
Entretien de la route du 12ᵉ km. à Friguiagbé	30.476.42
Construction de la route du Niger, Friguiagbé à Timbo, Kouroussa, Kankan. . .	169.333.23
Achats, réparations, pirogues.	251. »
Achats de 50 mulets (chiffre partiel). . .	26.639.99
TOTAL. . . .	245.680.74

FLOTTILLE LOCALE

Le vapeur *Conakry* qui avait commencé à naviguer à la fin de l'année 1901, a effectué, pendant l'année 1902, 32 voyages.

Les divers cotres et chalands en ont fait 182.

Les dépenses de la flottille se sont élevées, pendant l'exercice 1902, à la somme de 164.460 fr. 60.

Les recettes, venant en atténuation des dépenses, ont atteint le chiffre de 16.055 fr. 45, présentant une augmentation de 12.441 fr. 20 sur l'année 1901.

IMPRIMERIE OFFICIELLE

L'imprimerie du Gouvernement est dirigée par un chef d'imprimerie de 1re classe, ayant sous ses ordres :

1	ouvrier	européen	typographe	de 2e	classe.
1	—	—	relieur	— 3e	—
1	—	indigène	typographe	— 5e	—
1	apprenti	—	—	— 2e	—
2	—	—	—	— 4e	—
1	—	—	—	— 7e	—
1	ouvrier	—	relieur	— 4e	—
1	apprenti	—	—	— 3e	—
1	—	—	imprimeur	— 2e	—
1	—	—	—	— 3e	—
2	—	—	—	— 4e	—

Plus 2 manœuvres.

La solde de début pour les apprentis de toutes les catégories est de 30 francs par mois. Les ouvriers indigènes peuvent arriver à la solde maximum de 2.400 francs pour les typographes et 1.800 francs pour les imprimeurs et relieurs. Toute cette classification a été réglementée par un arrêté local pris à la date du 2 mai 1901, sauf pour le personnel européen qui continue à être régi par le décret du 18 novembre 1872.

Les travaux pour les divers services de la Colonie et les cessions faites à des particuliers ont encore augmenté, comme il est facile de le constater en comparant les années précédentes avec le relevé détaillé ci-après.

Des agrandissements importants ont été faits au local de l'imprimerie; de chaque côté du bâtiment il a été construit une aile de 6 mètres de longueur, plus un magasin à papier de 7 mètres, soit en plus une superficie de 100 mètres carrés; cet agrandissement était absolument nécessaire, car le local était devenu insuffisant par suite de l'augmentation croissante des travaux, ce qui exigeait un approvisionnement considérable de matériel et a nécessité l'achat d'une deuxième machine en blanc, du format grand jésus, machine qui, à elle seule, occupe une surface assez grande. Il fallait aussi de la place pour installer l'outillage de reliure nécessaire à l'ouvrier européen demandé au Département au mois de mars.

TRAVAUX EXÉCUTÉS PAR L'IMPRIMERIE DU GOUVERNEMENT PENDANT L'ANNÉE 1902

1. — Divers services.

MOIS	NOMBRE d'exempl. tirés	BROCHURE	RELIURE	REGISTRES	CARNETS à souche	LIVRETS	CHEMISES cartonnées
Janvier	22.709	180	44	9	50	»	»
Février	24.800	150	»	»	50	»	»
Mars	29.471	»	14	9	56	»	»
Avril	27.615	»	»	9	193	»	14
Mai	30.000	»	»	10	520	»	»
Juin	25.350	»	27	8	10	500	14
Juillet	13.695	»	7	34	»	»	»
Août	21.025	»	1	22	42	»	34
Septembre	278.380	»	2	4	»	»	184
Octobre	304.961	»	25	6	4	»	»
Novembre	26.725	»	10	1	46	»	10
Décembre	14.900	»	21	»	59	»	6
TOTAUX	819.631	330	151	112	1030	500	262

2. — Travaux en cessions.

MOIS	NOMBRE d'exemplaires	BROCHURE	RELIURE	REGISTRES	CARNETS à souche	LIVRETS	CHEMISES cartonnées
Janvier	1.600	»	»	»	»	»	»
Février	3.156	»	»	»	»	»	»
Mars	6.460	»	4	»	»	»	»
Avril	5.725	»	»	»	10	»	»
Mai	1.100	»	»	»	»	»	»
Juin	7.300	»	»	1	»	»	»
Juillet	4.870	80	»	»	»	»	»
Août	6.630	»	2	1	5	»	6
Septembre	2.000	»	1	»	»	»	»
Octobre	7.545	»	1	»	»	»	24
Novembre	8.860	»	»	»	»	»	»
Décembre	6.820	»	8	3	15	»	»
TOTAUX	62.066	80	16	5	30	»	30

3. — Récapitulation des travaux exécutés pendant l'année 1902.

DÉSIGNATION DES TRAVAUX	DIVERS SERVICES	CESSIONS AUX PARTICULIERS	TOTAUX
Impressions (nombre d'exemplaires)	819.631	62.066	881.697
Brochage.	330	80	410
Reliure.	151	16	167
Registres.	112	5	117
Carnets	1.030	30	1.060
Livrets	500	»	500
Chemises cartonnées	262	30	292

4. — RECETTES TANT FICTIVES QUE RÉELLES faites pendant l'année 1902. — (Tarif du 2 mai 1901.)

MOIS.	RECETTES FICTIVES	RECETTES RÉELLES	TOTAL
Janvier.	2.582fr80	206fr70	2.789fr50
Février.	1.753.70	228.20	1.981.90
Mars.	2.317.25	374.95	2.692.20
Avril.	2.198.30	255.95	2.454.25
Mai	2.091.20	312.50	2.403.70
Juin	2.136.25	335.80	2.472.05
Juillet	1.680.55	190.90	1.871.45
Août.	2.101.85	162.55	2.264.40
Septembre	3.788.80	222.75	4.011.55
Octobre	4.153.50	252.50	4.406.00
Novembre.	2.154.55	436.50	2.591.05
Décembre.	1.749.60	852.25	2.601.85
TOTAUX.	28.708.35	3.831.55	32.539.90

Les Recettes réelles de l'imprimerie étaient prévues au Budget de 1902 pour une somme de.............	2.500 fr. »
et elles se sont élevées à.........................	3.831 fr. 55
D'où un excédent de recettes de........	1.331 fr. 55

provenant en grande partie du montant des abonnements au *Journal officiel de la Guinée française.*

Les dépenses prévues pour le personnel et le matériel étaient de :

1° Personnel.........................	21.860 fr.
2° Matériel............................	5.700 »
Soit............	27.560 fr.

Les dépenses réelles, y compris l'achat de la machine, ont été de..	33.026 fr. 18
D'où une différence de..................	5.466 fr. 18

en excédant de dépenses effectuées.

Si l'on compte que les recettes fictives.......	28.708 fr. 35
et les recettes réelles....................	3.831 » 55
se sont élevées à............	32.539 fr. 90

on arrive à constater que l'imprimerie officielle couvre ses dépenses.

POSTES ET TÉLÉGRAPHES

ORGANISATION. — PERSONNEL

Les services postaux et télégraphiques de la Colonie, qui jusqu'en 1901 n'avaient été réglementés que très incomplètement, ont été réorganisés par plusieurs arrêtés du Gouverneur, sur de nouvelles bases qui assurent, autant qu'il est possible en ce moment, le bon fonctionnement de ces services.

La situation du personnel indigène a été régularisée et un cadre local a été institué, assurant aux agents et sous-agents un avancement régulier. Malgré cela, le recrutement des agents ne peut s'effectuer dans la Colonie, les éléments manquent complètement : aussi est-on obligé de recourir au Sénégal pour avoir des commis indigènes. Les sous-agents sont en majeure partie Guinéens, et pris parmi les manœuvres employés aux constructions des lignes télégraphiques.

La situation du personnel européen a été aussi améliorée; en effet, au lieu du double du traitement de France et une indemnité fixe que la Colonie leur accordait, les agents de la Métropole en service en Guinée sont assurés, comme leurs collègues des autres colonies, d'une solde triple de celle de France.

Les cadres actuels se composent de : 1 commis hors classe, chef du service, 7 commis métropolitains, 1 surveillant européen, 18 agents et 59 sous-agents indigènes.

EXPLOITATION POSTALE

Les changements survenus en 1902 dans le service postal ont eu une grande importance, surtout en ce qui concerne les colis postaux. En effet, après arrangement avec la Métropole, des colis de 10 kilogrammes peuvent être échangés avec la France, la Belgique, le Luxembourg et la Suisse, de ou pour Conakry seulement; il en est de même des colis avec valeur déclarée jusqu'à 500 francs pour les mêmes destinations.

Nous n'avons pu étendre ce service aux bureaux de l'intérieur, pour la raison que le service de nos courriers n'est pas encore complètement établi.

L'abaissement des tarifs, à 2 francs pour 5 kilogrammes et à 3 fr. 35 pour 10 kilogrammes, permettant d'expédier au même tarif que le Sénégal les colis de ces deux catégories, a fait augmenter le trafic dans de grandes proportions; c'est encore plus à l'arrivée qu'au départ que cette augmentation est sensible : en 1902, il a été reçu plus de 1.300 colis postaux dans la Colonie. Aussi bien, si la proportion s'accentue, un agent devra être spécialement attaché à ce service.

Les autres branches de l'exploitation postale deviennent aussi de jour en jour plus chargées; c'est ainsi qu'en 1901 il n'avait été expédié que 5.700 chargements de toute nature, tandis qu'en 1902 le nombre de ces correspondances s'est élevé à 7.900, soit une différence (2.200) de plus du tiers sur l'année précédente. L'augmentation des chargements devenant de plus en plus forte, le Service s'est vu dans l'obligation d'ouvrir un second guichet le jour de départ des courriers.

Les correspondances ordinaires ou chargées reçues augmentent encore dans de plus grandes proportions. Les courriers pour la Haute Guinée, qui, il y a deux ans, se composaient de quatre ou cinq sacs de lettres, journaux et colis postaux, comprennent à présent une moyenne de 16 à 18 malles pleines de correspondances et colis (il a été expédié 257 colis postaux dans la Haute Guinée).

Les piétons, emportant les malles-poste dans l'intérieur, effectuent le trajet Conakry-Timbo en huit jours et celui de Conakry-Kouroussa en quatorze jours; c'est déjà un beau résultat obtenu, mais on espère arriver à mieux; les voies de communications devenant meilleures, on pourra exiger une marche plus rapide.

Les postes situés sur les rivières sont desservis régulièrement deux fois par mois par l'aviso local *le Conakry;* en outre, on profite du départ de tous les cotres des maisons de commerce pour correspondre le plus souvent possible avec ces postes.

Il a été expédié dans le courant de l'année aux bureaux de Dubréka, Boffa, Boké et Benty 473 courriers et 157 colis postaux.

Nos relations postales avec la France, l'Europe et les colonies de la côte occidentale ont lieu par les quatre courriers mensuels réguliers effectués par les paquebots des Chargeurs Réunis et de la Compagnie Fraissinet, et par les navires de commerce, tant français qu'étrangers, qui touchent à notre port. De plus, les paquebots des Messageries Maritimes, faisant la ligne de Buenos-Ayres et de la Plata, apportent des dépêches en sac clos à Dakar, à destination de la Guinée. Ces correspondances nous parviennent par des bateaux faisant escade à Dakar.

Le tableau ci-dessous donne un aperçu des courriers échangés avec l'Europe et les colonies françaises et étrangères de la côte d'Afrique en 1902 :

	Départ	
	par navires français.	par navires étrangers.
Nombre de courriers pour France.	23	11
— — pour l'Europe.	»	30
— de courriers pour la Gambie et la Guinée portugaise.	»	38
— de courriers pour le Sénégal.	23	14
— de courriers pour les colonies françaises du Sud.	21	»
— de courriers pour Sierra-Leone.	»	44
Totaux	67	137

	Arrivée	
	par navires français.	par navires étrangers.
Nombre de courriers de France.	47	32
— — d'Europe.	»	61
— — de Gambie et Guinée portugaise.	»	36
— de courriers du Sénégal.	47	32
— — des colonies françaises de la côte.	23	»
— de courriers de Sierra-Léone.	»	51
Totaux	117	212

Total général . . . . 533 courriers.

Nota. — Pour l'expédition des correspondances à destination de la France, le Service n'emploie les voies étrangères que sur demande expresse des expéditeurs, ou bien s'il y a intérêt véritable à les employer.

La comparaison entre les recettes postales de 1901 et 1902 fait ressortir une différence de 1.130 francs en moins pour ce dernier exercice. Cette petite différence provient surtout de ce que les philatélistes étant approvisionnés de timbres de la Colonie, leurs achats ont été moins importants que les années précédentes.

EXPLOITATION ÉLECTRIQUE

D'importantes améliorations ont été apportées au réseau télégraphique depuis le dernier rapport d'ensemble.

En ce qui concerne la ligne Conakry-Kadé-Sénégal, une rectification opérée en traversant la rivière Dubréka au moyen d'arbres sur les deux rives, et celle du Rio-Pongo au moyen de deux pylônes de 20 mètres de haut a permis de raccourcir cette ligne de 42 kilomètres, en enlevant du tracé une partie réellement mauvaise entre Dubréka et Boffa et où se produisaient le plus fréquemment les dérangements.

Depuis le commencement de juillet, époque à laquelle les travaux ont été terminés, cette ligne a marché normalement; quelques dérangements accidentels, mais qui ne sont pas dus à un défaut de construction, ont seul entravé la marche du Service pendant peu de temps.

Une ligne de 280 kilomètres de long a été, en plus, construite tout dernièrement entre Timbo et Kouroussa en passant par Toumanéa; elle fonctionne parfaitement et donnera certainement satisfaction aux commerçants et autres habitants de la Haute Guinée en leur donnant la communication permanente avec le chef-lieu, ce dont ils étaient souvent privés autrefois pendant l'hivernage.

Kouroussa est à présent relié par une double ligne à Conakry, car l'ancienne ligne Bambaïa-Kouroussa par Kaba-Faranah a été nouvellement restaurée.

Nous voilà donc reliés au Sénégal et au Soudan par deux bonnes lignes télégraphiques, et nous espérons que sous peu elles seront admises dans les relations internationales; et que toute la Colonie pourra à son gré correspondre télégraphiquement avec la Métropole, soit par les voies terre et câble combinées « Conakry-Kadé-Dakar », soit par le câble français ordinaire, ce qui n'est permis en ce moment qu'aux quatre bureaux de l'ancien Soudan annexés à la Guinée depuis 1899 : « Kouroussa, Kankan, Siguiri, Niagassola ».

Depuis l'achat des câbles de la côte occidentale par le Gouvernement français, nos communications par câble ont été sensiblement améliorées avec le Sénégal, par l'abaissement à 1 fr. 50 le mot pour cette colonie. Il eût été évidemment d'une utilité incontestable de nous accorder jusqu'en France le tarif que paie le Sénégal augmenté du nôtre pour cette Colonie, de façon à réduire notre taxe à 3 francs le mot pour la Métropole.

Les recettes télégraphiques sont en forte augmentation sur les produits de 1901. Quoique les taxes terminales et de transit dues par le câble pour le 2e semestre de 1902 n'aient pas encore été encaissées par la Colonie, les recettes se sont montées à 31.745 francs sur 25.727 francs pendant l'exercice précédent; soit en plus, pour cette année, 6.018 francs.

Ces recettes représentent, dans la Guinée française, un dépôt de 12.373 télégrammes privés; si l'on ajoute à ces chiffres le nombre de télégrammes officiels transmis dans le même laps de temps, soit 6.743, on arrive au total de 19.116 télégrammes déposés dans le courant de l'année 1902.

Ces chiffres sont très éloquents et font constater avec plaisir que si la Colonie fait de grands sacrifices pour l'installation de son réseau télégraphique, elle voit aussi les relations s'établir et augmenter de jour en jour dans tout le pays.

L'exercice se clôt par un excédent de recettes de 3.888 francs sur l'année 1901.

JUSTICE

L'année 1902 a vu commencer à fonctionner la nouvelle organisation judiciaire dont avaient doté la Guinée les décrets des 6 août 1901 et 15 avril 1902. Le personnel des nouveaux services est arrivé dans la Colonie le 17 juin 1902, et a été installé le 27 du même mois.

Les colonies de la Guinée française, de la Côte d'Ivoire et du Dahomey sont aujourd'hui réunies en un seul ressort judiciaire, dont le chef-lieu, primitivement fixé à Bingerville (désignation non suivie d'effet), a été depuis transféré à Conakry.

La nouvelle organisation comprend un tribunal supérieur, composé d'un président et de trois juges, ayant juridiction sur tout le ressort, et trois tribunaux de première instance, placés à Conakry, Bingerville et Porto-Novo, et composés d'un juge-président, d'un juge-suppléant, d'un procureur de la République et d'un greffier-notaire.

Le procureur de la République à Conakry est chef du service judiciaire des trois colonies, et il a tous les pouvoirs d'un procureur général, sans en avoir le titre. Il est assisté d'un substitut.

Le ressort du tribunal de première instance de Conakry, fixé par un arrêté du gouverneur en date du 2 août 1902, approuvé par le Ministre, comprend la ville de Conakry, avec une banlieue de 12 kilomètres, le plateau de Boké (Rio-Nunez), et le territoire de Fandjé (Bramaya), tous pays d'administration directe, suivant décret du 24 mars 1901. Les autres territoires, déclarés annexés par le même acte dans la Haute Guinée, ont été constitués, par arrêté du 1er octobre 1902, en une justice de paix à compétence étendue, qui a été confiée à l'administrateur de Kouroussa, suivant les prévisions des décrets et qui comprend les villes de Kouroussa, Siguiri et Kankan (1), avec chacune une étendue de 500 hectares. — Un autre arrêté du 1er octobre a déterminé la compétence, *ratione personæ*, des tribunaux français de la Guinée.

Le mouvement d'affaires qui était signalé l'année dernière, s'est encore accentué en 1902, et il tend à s'accroître de plus en plus. Le tribunal de Conakry paraît donc devoir être, dans un avenir prochain, une juridiction fort occupée. On pourra en juger, ci-dessous, par le tableau comparatif des cinq dernières années :

NATURE D'ACTES.	1898	1899	1900	1901	1902		OBSERVATIONS
					1er semestre	2e semestre	
Avertissements en conciliation.	»	»	497	951	189	460	
Jugements civils et commerciaux.	16	19	32	164	50	167	
Jugements correctionnels. .	139	103	117	166	132	101	
Jugements de simple police.	1	13	2	5	3	26	
Appels civils.	»	»	3	1	2	1	
Appels correctionnels. . . .	»	»	»	»	»	»	
Oppositions	»	1	»	»	»	»	
Actes de dépôt.	5	13	17	21	6	12	
Ordonnances sur requête. .	»	6	10	11	16	25	
Rapports de mer.	4	5	1	4	2	4	
Serments d'experts.	»	»	»	»	»	2	
Actes notariés	99	128	137	118	56	57	

Le nombre des appels portés devant le tribunal supérieur n'a pas été en rapport avec l'importance des affaires du premier degré. Les causes en sont principalement la date récente de création des tribunaux de première instance, dont un, celui de Bingerville, n'a jamais pu fonctionner, à cause de la fièvre jaune, l'éloignement considérable et les difficultés de communication des trois colonies entre elles, et enfin l'absence complète de tous avocats et hommes de loi. Le jour où les parties seront mieux éclairées sur leurs droits, beaucoup d'affaires, tant civiles que pénales, seront déférées à la juridiction supérieure.

(1) Un arrêté du 30 mars 1903 a constitué depuis ces villes en trois justices de paix distinctes.

Ci-joint le tableau des deux dernières années, dans lequel le tribunal supérieur n'est en cause que pour le deuxième semestre de 1902 :

NATURE D'ACTES.	CONSEIL D'APPEL. 1901		TRIBUNAL SUPÉRIEUR. 1902	OBSERVATIONS.
		1er semestre	2e semestre	
Arrêts civils et commerciaux...	1	»	3	Appels civils au 1er juillet 1903.............. 6
Arrêts correctionnels..........	»	»	»	Appels correctionnels au 1er juillet 1903...... 6
Arrêts criminels...............	»	»	5	
Appels civils..................	1	2	1	

La justice criminelle, aux termes des décrets, est distribuée par des cours criminelles siégeant à Conakry, Bingerville et Porto-Novo. Elles se composent, au chef-lieu du ressort, de trois membres du tribunal supérieur, et dans les deux autres colonies, d'un juge au tribunal supérieur, désigné comme président, du juge-président du tribunal de première instance, et d'un fonctionnaire nommé chaque année par le Gouverneur.

Les cours criminelles connaissent : 1° dans l'étendue du ressort du tribunal de première instance, de tous les crimes susceptibles d'être déférés en France aux cours d'assises, quels qu'en soient les auteurs ; 2° dans l'étendue de la Colonie de ces mêmes crimes, mais seulement lorsque les accusés sont des Européens ou assimilés, ou des indigènes des territoires annexés, ou bien encore lorsque les victimes de ces crimes sont l'une ou l'autre de ces personnes.

Dans le deuxième semestre de 1902, une session criminelle s'est ouverte à Conakry (10 novembre). La cour a eu à juger :

2 vols qualifiés..................................	3 accusés
1 détournement de deniers publics...............	1 »
1 séquestration arbitraire........................	3 »
1 attentat à la pudeur sans violence.............	1 »
5 affaires	8 accusés

Du 28 juin au 31 décembre, il a été enregistré au Parquet 162 plaintes, dont 134 ont fait l'objet de poursuites. Dans la même période, le juge d'instruction a eu à s'occuper de 20 affaires, dont 12 crimes. Quatre de ces affaires ont été clôturées par une ordonnance de non-lieu rendue par le procureur de la République, chef du service judiciaire, qui, aux termes de l'article 25 des décrets, fait fonctions de chambre d'accusation.

Il y a d'ailleurs lieu de remarquer que, dans l'organisation actuelle, le juge d'instruction ne rend pas d'ordonnance. S'il a instruit sur un délit, il communique au procureur de la République ou à l'officier du ministère public de l'arrondissement qui statue sur la procédure, et qui renvoie, s'il y a lieu, devant le tribunal correctionnel. S'il a instruit sur un crime, il transmet directement les pièces au chef du Service judiciaire.

Les 233 affaires jugées en 1902 par le tribunal correctionnel de Conakry se décomposent ainsi qu'il suit :

Vol	151
Abus d'autorité	2
Outrage public à la pudeur	1
Abus de confiance	2
Coups et blessures	23
Violation de domicile	2
Dénonciation calomnieuse	1
Rébellion	7
Outrage à un officier ministériel	2
Excitation de mineure à la débauche	1
Inhumation sans autorisation	1
Contraventions en matière de douanes	40
	233

Dans ces 233 affaires, il y avait 250 inculpés qui se classent de la manière suivante :

1 jour à 3 mois	77
3 mois et 1 jour à un an	73
1 an et 1 jour à 3 ans	25
3 ans et 1 jour à 5 ans	3
Acquittés	14
Amendes	58
	250

POLICE

Pendant l'année 1902, la police a été assurée par un personnel réparti dans les différents postes et composé comme suit :

1 commissaire de police,
10 brigadiers indigènes,
18 sous-brigadiers,
312 gardes.

La compagnie des gardes frontière de Beyla a été maintenue à l'effectif de 104 hommes et 3 officiers (1 capitaine et 2 lieutenants).

Ces forces de police sont inscrites au Budget pour une somme de 274.000 francs, comprenant l'armement, l'équipement, l'éclairage des postes et les vivres des officiers et sous-officiers européens de la compagnie de Beyla.

PRISONS

Du 31 décembre 1901 au 31 décembre 1902, le mouvement des prisons de Conakry a compris :

Entrées	263
Sorties	197

Les entrées se décomposent ainsi qu'il suit :

Mis à la disposition du Parquet	2	
Inculpés sous mandat de dépôt du Parquet	86	
Inculpés sous mandat de dépôt du Juge d'instruction	138	
Écroués en vertu d'extraits de jugements	3	
Mis à la disposition de l'Administration	6	
Condamnés disciplinaires	24	
Condamnés des Tribunaux indigènes	4	= 263

Les sorties se décomposent ainsi qu'il suit :

Mise en liberté du Parquet	2	
Main-levée de mandats de dépôt	5	
Ordonnances de non-lieu	24	
Après expiration de la peine	84	
Mise en liberté de l'Administration	16	
Grâce		
Libération conditionnelle	11	
Évasion	51	
Décès	1	
Transfert dans une autre prison	3	= 197
Différence entre les entrées et les sorties		66

La situation comprend alors au 31 décembre 1902 :

Condamnés en cours de peine	56	66
Condamnés indigènes	4	
Prévenus	6	
Condamnés antérieurs à 1902	19	
Total	85	

INSTRUCTION PUBLIQUE

L'arrêté du 2 décembre 1901, dont il est fait mention au dernier Rapport d'ensemble, a marqué le début de l'impulsion nouvelle, donnée à l'enseignement public au cours de l'année 1902.

En 1901, l'instruction était donnée aux indigènes, dans les cercles, par des interprètes, et à Conakry, par des Pères du Saint-Esprit et les religieuses de Saint-Joseph de Cluny. Dès le début de l'année 1902, les Pères du Saint-Esprit qui n'avaient pu obtenir jusqu'à ce jour que des résultats insuffisants, étaient remplacés par les Frères de l'Institut de Ploërmel. Ces derniers, véritables instituteurs, obtinrent, en quelques mois, de réels succès auprès des indigènes ; le nombre de leurs élèves s'accrut rapidement et le local mis à leur disposition étant devenu trop exigu, l'Administration en fit construire un nouveau plus spacieux et remplissant toutes les conditions d'hygiène désirables : 150 enfants ont fréquenté régulièrement cette école en 1902 et des cours ont été faits le soir aux adultes.

Au mois d'avril de la même année, il était créé deux écoles maternelles dirigées par des femmes et destinées à recevoir les jeunes enfants des deux sexes : l'une à Conakry, l'autre à Boké. Celle du chef-lieu n'a pas donné de bons résultats : les indigènes l'ont désertée pour l'école mixte protestante ; mais l'école de Boké semble répondre aux sacrifices que s'impose l'Administration.

Conakry a une population sierra-léonaise très importante ; les enfants de ces sujets anglais, beaucoup plus avancés en général que nos indigènes, ne fréquentaient pas nos écoles. Les parents les laissaient au collège de Free-Town ou les envoyaient chez le pasteur des îles de Los. Un scrupule religieux les faisait agir de la sorte. Dans le but de les fixer en Guinée, de les attacher davantage à la Colonie où ils sont appelés à jouer un rôle commercial très important, l'Administration créa une école française des missions évangéliques, dirigée par un maître et une maîtresse diplômés. Le but cherché a été atteint : les jeunes Noirs anglais sont venus en foule et la nouvelle école compte actuellement 125 élèves.

Outre le logement, l'instituteur et l'institutrice reçoivent une subvention globale de 4.000 francs.

Restait une autre catégorie d'indigènes ne fréquentant les écoles que de loin en loin : nous parlons des musulmans.

Les parents de cette religion hésitaient à confier leurs enfants aux maîtres déjà en exercice. Pour leur donner satisfaction et dissiper leurs craintes, il a été prévu la création d'une école laïque à Conakry.

Les cercles n'ont pas été oubliés : dès le début de l'année, un instituteur de l'école algérienne de Bouzaréah a été installé à Timbo, chef-lieu de la région du Fouta-Djallon et, en novembre dernier, un autre instituteur de même provenance a été envoyé à Labé. Il a été adjoint à ce dernier un ouvrier d'art chargé de donner l'enseignement professionnel aux jeunes Foulahs. Ces deux écoles donnent les meilleures espérances.

SERVICE DE L'AGRICULTURE

CRÉATION DU JARDIN

Les premières plantations du Jardin d'essais datent du mois de mai 1898. En effet, c'est au mois d'avril 1897 que commencèrent les premiers travaux; le défrichement fut opéré pendant la saison des pluies de 1897, la saison sèche 97-98, et ce n'est que pendant la saison des pluies de 1898 que les premières plantations furent exécutées.

Le Jardin d'essais aura par conséquent cinq années d'existence au mois de mai prochain.

Étendue. — La partie réservée au Jardin a une superficie totale d'environ 21 hectares dont douze sont actuellement en culture. Le tracé a été fait pour faciliter son agrandissement au fur et à mesure des besoins; en effet, chaque année, une certaine étendue de terrain est défrichée, mise en culture à la saison des pluies qui suit, et cela sans augmentation de personnel indigène.

Irrigations. — L'eau pour les arrosages est fournie par trois puits portant chacun un élévateur d'eau Caruelle. En raison de son débit, de sa solidité, de sa manœuvre facile, de son prix peu élevé, cet appareil est très pratique pour élever l'eau dans la Colonie.

Il a été question d'installer au Jardin d'essais une canalisation d'eau; il est inutile d'insister sur l'importance qu'aurait présenté cette installation, et l'avenir nous apprendra ce qu'il est possible d'obtenir du sol de notre Guinée en fournissant aux plantes deux éléments indispensables : l'eau et les engrais. Mais on a reconnu qu'il y avait des inconvénients à brancher sur la conduite d'amenée qui doit rester vierge jusqu'à son arrivée aux réservoirs de Conakry.

Engrais. — Un troupeau de Bovidés d'une trentaine de têtes est attaché au Jardin en vue de fournir l'engrais indispensable aux cultures. Au commencement de l'année dernière une étable a été installée ainsi qu'une fosse à purin et une plate-forme à fumier afin d'obtenir le maximum d'engrais.

En dehors du fumier de ferme, les bananiers et les ananas sont traités aux engrais chimiques suivant des formules établies par l'expérience et les observations.

Jardin d'essais de Conakry — Jardin d'agrément.

Personnel. — Le personnel européen du Service de l'Agriculture comprend actuellement un directeur du Jardin d'essais chef de service, deux agents de culture au Jardin et un agent chargé des plantations de la ville de Conakry.

En raison de l'orientation des cultures du Jardin d'essais et de l'agrandissement qui va être opéré incessamment, il est indispensable, pour l'avenir de ce dernier, qu'un agent de culture y soit constamment attaché.

Produits. — Les produits du Jardin d'essais sont mis chaque année en adjudication et le montant est versé chaque mois au titre « Produits des cultures ».

BUDGET

Le Budget du service de l'Agriculture pour l'année 1903 est ainsi établi :

Personnel.

Un inspecteur des cultures indigènes. . . . . { Solde coloniale. . 3.600 / Frais de service. 1.200 }	4.800	
Un directeur du Jardin d'essais.	6.000	
Deux agents de culture de 3e classe à 3.500 francs. . . .	7.000	
Deux — — 4e — 3.000 francs. . . .	6.000	
Un surveillant indigène au Jardin d'essai.	960	
Un surveillant indigène à Conakry.	720	
30 manœuvres à Camayen	10.600	
10 — à Conakry.	3.540	
13 — à D'itinn.	2.580	
» — à Kouroussa.	600	= 42.800

Matériel.

Achat d'animaux, graines et plantes.	3.600	
Achat et entretien du matériel.	2.490	
Fournitures de bureau et frais divers.	200	
Subvention au Jardin colonial.	2.500	
Contribution pour l'enseignement supérieur de l'agriculture.	2.500	
Concours agricole	3.000	= 14.400
Total		57.200

Ces quelques considérations générales posées, il est intéressant de passer en revue les cultures entreprises au Jardin d'essais depuis sa création, afin de pouvoir en déduire l'orientation à donner à l'agriculture de la région côtière.

CULTURES FRUITIÈRES

Il est à peine besoin de rappeler ici le rôle important que jouent les fruits dans l'alimentation de l'homme. Dans son travail sur les végétaux fruitiers de rapport, à propager dans les cultures

Jardin d'essais de Conakry. — Jardin d'agrément.

coloniales, M. Bois démontre l'importance des cultures fruitières dans nos colonies et les bénéfices importants que pourraient réaliser les colons en exportant leurs produits sur les marchés d'Europe.

En France, la consommation des fruits tropicaux augmente chaque année; elle s'accentuera d'autant plus que les produits arriveront en plus grandes quantités, ce qui permettra d'abaisser le prix de la vente au détail.

L'expédition des fruits tropicaux dans la Métropole est soumise à des conditions qui ne permettent de se livrer à cette culture que dans un nombre restreint de colonies. Pour que ces fruits soient appréciés à leur juste valeur il est en effet indispensable qu'ils soient consommés à complète maturité. Il est donc nécessaire qu'ils aient acquis toutes leurs qualités au moment de la récolte et qu'ils arrivent sur le marché en parfait état de conservation. On ne peut donc se livrer à cette culture que dans les colonies peu éloignées de la Métropole : les cultures fruitières présentent donc un réel intérêt pour la région côtière de la Guinée. En effet, actuellement la traversée s'effectue en 12 jours et pourra être réduite lorsque les compagnies de navigation consentiront à mettre sur la ligne de l'Afrique occidentale des paquebots à marche plus rapide.

Avant la création du Jardin d'essais, les arbres fruitiers étaient en nombre restreint dans la Colonie : les bananes, les mangues, les papayes, les goyaves, les avocats, les oranges, les citrons et quelques rares corossols, étaient les seuls fruits dont pouvaient disposer les Européens. Actuellement le Jardin possède une collection d'une cinquantaine d'espèces ou variétés d'arbres fruitiers qui seront propagés au fur et à mesure de leur fructification.

Il est intéressant de passer en revue les arbres qui ont déjà fructifié et de s'arrêter plus particulièrement sur la culture de ceux qui sont appelés à jouer un rôle important dans notre agriculture locale.

Anacardium occidentale (*Pomme Cajou*). — On ne doit citer cet arbre fruitier que pour mémoire, car le fruit n'est pas toujours apprécié par les Européens. La partie comestible est constituée par le pédoncule hypertrophié, de forme conique et de couleur rouge ou jaune à complète maturité ; l'amande grillée est également comestible.

Cet arbre fruitier se rencontre sur quelques points de la côte : c'est une plante peu délicate au point de vue de la qualité du terrain, qui se développe rapidement et fructifie dès la troisième année.

Ananassa sativa (*Ananas*). — En raison de la qualité de son fruit, l'ananas se trouve répandu dans tous les pays tropicaux.

La culture de cette plante a été pratiquée pendant longtemps en Europe dans des serres spéciales. Les fruits étaient de bonne qualité, mais toujours d'un prix très élevé en raison des frais occasionnés par cette culture. La facilité et la rapidité des communications ont permis d'approvisionner les marchés européens avec des ananas des pays tropicaux, et leur prix, relativement peu élevé, a fait disparaître la culture de l'ananas en serre au

Jardin d'essais de Conakry. — Ananas, variété Euville.

point de vue de la spéculation. Les Antilles, la Floride, les Açores, Madère sont actuellement les principaux centres de production.

L'ananas se rencontre à l'état spontané dans la Colonie, mais sa qualité laisse à désirer si on le compare à l'ananas de Pernambouc et des Antilles. Par la culture, la variété locale donne cependant des produits de grosseur moyenne et d'assez bonne qualité. Les soins de culture étant les mêmes que pour les variétés d'élite, il est préférable d'avoir recours à ces dernières qui donneront des fruits beaucoup plus appréciés en tant que grosseur et qualité.

En mai 1898, le Jardin d'essais reçut du Muséum d'histoire naturelle un envoi de 18 œilletons, comprenant les variétés suivantes : *Ananas Baronne de Rothschild; Comte de Paris; Euville* ou *Pain de sucre.*

Un envoi de ces fruits faits au Jardin colonial a été présenté à la Société nationale d'horticulture de France à la séance du 27 février 1902 par M. Dybowski, inspecteur général de l'Agriculture coloniale, et ont été estimés un bon prix par les commerçants auxquels ils ont été soumis.

Vers la fin de l'année 1901, le Jardin colonial nous adressa quelques bonnes variétés, telles que *Armand Gautier*, *Montserrat*, *Abacasi*, qui sont venues augmenter la collection. Enfin, en novembre dernier, l'ananas *de Cayenne,* à feuilles lisses, a été introduit; cette variété donne des fruits très appréciés sur les marchés européens et les feuilles, dépourvues d'épines, rendent la culture beaucoup plus facile que les autres variétés.

La culture de l'ananas est des plus faciles; les essais d'expédition qui ont été tentés ont pleinement réussi, les produits paraissent acquérir une bonne valeur commerciale et, si on ajoute que cette plante peut être associée avantageusement à d'autres cultures, il est facile de se rendre compte du rôle qu'est appelé à jouer l'ananas dans notre agriculture locale.

Anones. — Parmi les Anones, le corossolier était cultivé avant la création du Jardin d'essais. L'*Anona mucosa,* l'*A. reticulata,* l'*A. cherimolia,* l'*A. squamosa* ont été successivement introduits; les trois premières variétés n'ont pas encore fructifié.

Anona muricata (*Corossolier*). — Le corossolier est un arbre peu délicat au point de vue du terrain, il entre de bonne heure en fructification et jouit d'une bonne fertilité. Le fruit est ovoïde, couvert de pointes et peut acquérir le poids de 1.500 grammes. La chair est blanche, d'un goût acide et d'une odeur agréable.

Anona squamosa (*Pomme cannelle*). — Comme la variété précédente, la pomme cannelle est à fruit dès la troisième année. La fructification est toujours abondante et a lieu d'avril à août. Le fruit est globuleux, moins volumineux que le corossol; la pulpe est blanche, dépourvue de filaments comme chez ce dernier et de qualité supérieure.

En raison de leur fertilité, de la qualité de leurs fruits et de leur faible exigence au point de vue de la qualité du terrain, ces deux plantes doivent occuper une large place dans les jardins de la Colonie.

Artocarpus incisa (*Arbre à pain*). — On doit passer sous silence la variété à châtaignes qui existe depuis longtemps dans la Colonie et dont les graines peuvent être consommées après cuisson. Cette variété ne présente qu'un faible intérêt au point de vue alimentaire.

La variété à fruits stériles est un arbre précieux pouvant jouer un grand rôle dans l'alimentation. Les fruits sont arrondis, volumineux, atteignant le poids de 1 à 2 kilogr. et renfermant de la fécule qui acquiert un goût très agréable par la cuisson. Malheureusement cette variété ne donne pas de graines et la multiplication ne se fait que par boutures de racines. Au Jardin d'essais cet arbre donne deux récoltes par an.

En dehors de son rôle alimentaire et en raison de son port et de l'élégance de son feuillage, l'arbre à pain peut former de fort belles avenues et être avantageusement utilisé comme arbre d'ombrage.

Carica papaya (*Papayer*). — Le papayer n'est pas l'objet d'une culture spéciale; on le rencontre dans tous les villages où il ne reçoit aucun soin de culture.

Cette plante présente un rapide développement, entre en fructification l'année même du semis et jouit d'une grande fertilité. La fructification a lieu toute l'année et les papayes peuvent ainsi figurer avec honneur sur la table au moment où les autres fruits font complètement défaut.

En raison de la grande quantité de graines contenues dans chaque fruit et de la facile germination de ces dernières, le papayer se multiplie sans aucun soin. Il peut être considéré comme une plante épuisante à éloigner des carrés de culture; sa place est toute indiquée dans les cours, aux abords des bâtiments où, en dehors de son utilité, le papayer produit toujours un bel effet décoratif.

Parmi les variétés introduites par les soins du Jardin colonial, on doit signaler la papaye, variété 8 kilos, dont les fruits atteignent un volume beaucoup plus grand que ceux des variétés locales et pèsent de 6 à 8 kilogrammes.

Citrus aurantium (*Oranger*). — L'oranger se rencontre dans toute la Colonie ; sa culture mérite notre attention, car les oranges trouveront sur place et dans la colonie voisine du Sénégal un écoulement facile et assuré.

Les orangers présentent toujours une belle végétation et donnent chaque année une bonne récolte. Les oranges sont d'assez bonne qualité et les arbres, soumis à une culture intelligente, pourront donner des produits supérieurs à ceux qui sont actuellement obtenus.

L'introduction des meilleures variétés cultivées en Algérie, ainsi que le mandarinier, va être tentée cette année et celles-ci seront multipliées concurremment avec les mêmes variétés locales.

Le citronnier pousse sans aucun soin, donne toujours un grand nombre de fruits d'un faible volume, mais d'excellente qualité.

Mangifera indica (*Manguier*). — Le manguier est un grand arbre, très répandu dans toute la région côtière où son fruit est l'objet d'une grande consommation. Il existe deux variétés :

1° Le *Mangot* ordinaire, de couleur jaunâtre, d'un petit volume, mais jouissant d'une bonne saveur ;

2° Le *Mangot-Pêche* qui ressemble beaucoup à la *Mangue Julie* et de qualité supérieure à la précédente.

Au commencement de l'année 1902, les variétés suivantes de Mangues greffées ont été introduites :

Mangue Gouverneur, M. Raynaud, M. Julie, M. Divine, M. Gordo, plus une variété encore sans nom.

Ces plantes se sont développées normalement jusqu'ici et seront propagées dès qu'il sera possible de le faire.

Le mangot ordinaire et principalement le mangot-pêche ont été utilisés à Conakry pour planter des avenues et fournissent un épais ombrage pendant toute la saison sèche. Un assez grand nombre de ces manguiers sont à fruit et il serait possible, dès maintenant, de pouvoir utiliser ces mangots. Un essai fait en mars 1902 a démontré que, placés en chambre frigorifique et cueillis à maturité, ces fruits supportent facilement le transport et peuvent arriver dans la Métropole en parfait état de conservation.

Musa sinensis (*Bananier de Chine*). — Il est à peine besoin de signaler ici l'importance de la culture du bananier. Il suffit d'examiner le commerce des bananes qui se fait aux îles Canaries pour se rendre compte de l'importance de la culture de cette plante.

La banane entre de plus en plus dans la consommation courante et, d'après M. Bois, le nombre des régimes importés en France, qui était de 6.000 il y a quelques années, dépasse actuellement 30.000. D'après le même auteur, l'importation annuelle de l'Angleterre est de 600.000 et de 3.500.000 pour les États-Unis.

Il était donc intéressant de voir s'il ne serait pas possible de cultiver le bananier en Guinée en vue de l'exportation. Ce but était visé depuis quelques années et une plantation de bananiers avait été tentée ; cette entreprise, faite dans de mauvaises conditions, a échoué complètement. Il y avait donc lieu d'étudier la question afin de voir si réellement la culture en grand du bananier était impossible en Guinée.

Les résultats obtenus au Jardin d'essais avec le *Musa sinensis* ont été concluants. Avec cette variété on peut obtenir un rendement bien supérieur à celui obtenu aux Canaries. Les bananes sont de meilleure qualité et les essais d'expédition ont été couronnés de succès : la réussite ne laisse aucun doute. La question est donc favorablement résolue et la culture du bananier est appelée sans doute à jouer un rôle important dans l'agriculture de la région côtière. Cette plante doit attirer l'attention des colons et sa culture doit occuper une large place dans nos cultures fruitières.

D'une manière générale, les régimes apparaissent au bout de la première année et dans le courant de la deuxième. C'est ce qui a lieu pour les variétés locales et pour les bananiers cultivés aux Canaries où l'on compte dix-huit mois entre la sortie des rejetons et la fructification.

Le *Musa sinensis* cultivé au Jardin d'essais jouit d'une plus grande précocité. Au début de la plantation, les bananiers demandent six à huit mois pour fructifier; les rejetons conservés sur chaque touffe fructifient en quatre mois. Il est

Jardin d'essais de Conakry. — *Musa sinensis.*

possible d'obtenir trois récoltes par an, à condition de fournir aux plantes l'eau et les engrais qui leur sont nécessaires. On peut donc admettre que cette variété donnera toujours un rendement minimum de 4.000 régimes à l'hectare; il est donc facile de voir qu'une plantation d'une dizaine d'hectares est susceptible de donner chaque année de forts bénéfices.

Les essais faits au Jardin sont assez concluants, nous le répétons, pour signaler à l'attention des planteurs la culture du bananier. Il ne faut pas perdre de vue que la plantation produit dès la première année et que les capitaux engagés dans une pareille entreprise ne tarderont pas à entrer en rapport. La question du bananier peut donc être considérée comme favorablement résolue.

Passiflora laurifolia (*Pomme liane*). — En dehors de leur emploi comme plantes ornementales, certaines Passiflorées sont considérées à juste titre comme plantes utiles, en raison des fruits qu'elles fournissent chaque année. Parmi ces dernières on doit ranger les *Passiflora laurifolia* et *quadrangularis*, qui donnent une abondante fructification et peuvent être considérées comme définitivement acclimatées.

Le fruit de la première variété est jaune à complète maturité et de la grosseur d'un œuf de poule. Les graines sont petites, entourées d'une graine mucilagineuse de couleur jaunâtre, d'un goût et odeur très agréables.

Les fruits peuvent être consommés comme dessert ; la pulpe et les graines délayées dans l'eau sucrée constituent un des meilleurs rafraîchissements.

Passiflora quadrangularis (*Barbadine*). — Cette variété se distingue de la précédente par sa tige anguleuse, ses feuilles beaucoup plus grandes, d'un vert moins foncé ; le fruit acquiert toujours un grand développement, mais la qualité est inférieure à celui de la variété précédente.

La culture de ces plantes est des plus simples ; elles sont peu délicates au point de vue de la qualité du terrain et ne souffrent nullement de la saison sèche pendant laquelle elles ne manifestent aucun arrêt de végétation.

La multiplication se fait facilement par semis ou par boutures et les plantes fructifient dès la première année. Enfin ces Passiflorées peuvent servir à établir des tonnelles qu'elles garnissent rapidement et peuvent ainsi jouer à la fois un rôle utile et ornemental.

Persea gratissima (*Avocatier*). — L'avocatier se rencontre sur quelques points de la région côtière ; c'est un bel arbre qui se développe assez rapidement et fructifie dès la quatrième année.

L'essai d'expédition de poires d'avocat, tenté en même temps que celui des mangues, a parfaitement réussi, et cet arbre fruitier pourra être désormais cultivé en vue de l'exportation dans la Métropole.

Psidium guyava (*Goyavier*). — Toutes les variétés introduites ont bien réussi et fructifient au Jardin d'essais.

Les fruits peuvent se consommer à l'état frais, fournissent d'excellentes marmelades et une pâte dite pâte, de goyave, très

Jardin d'essais de Conakry. — Allée de goyaviers.

estimée, qui fait l'objet d'un commerce important dans l'Amérique du Sud.

On doit passer sous silence les arbres fruitiers introduits en Guinée qui n'ont pas encore fructifié ; en dehors du rôle important que toutes ces plantes sont appelées à jouer dans l'alimentation locale, on peut voir par ce qui précède que l'Ananas, le Papayer, le Bananier, le Manguier et l'Avocatier peuvent être cultivés en vue de l'exportation.

Pour terminer cet exposé rapide des cultures fruitières, il est bon de signaler que le Jardin d'essais de Conakry a obtenu une médaille d'or à l'Exposition d'Horticulture de Paris, en mai 1902, pour le lot de fruits qu'il avait exposés.

PLANTES LÉGUMES

Il est à peine besoin d'insister ici sur le rôle hygiénique que jouent les légumes dans notre alimentation. Mais ce rôle est encore plus important dans les pays tropicaux où les produits végétaux, pouvant être consommés par l'Européen, sont plus rares et moins variés.

En Guinée, les légumes indigènes sont en nombre restreint : l'aubergine, la patate, le manioc doux, l'oseille de Guinée, l'épinard du pays, la tomate, la pomme de terre du Soudan, les taros et quelques rares ignames, sont les seules plantes pouvant être consommées comme légumes.

Il était donc de toute utilité de tenter la culture des légumes de nos climats tempérés afin de connaître ceux qui donneraient les meilleurs résultats et pourraient s'ajouter à la liste des légumes indigènes.

Dans la Colonie, la culture potagère offre quelques difficultés en raison des engrais, et surtout de la quantité d'eau qu'elle exige. Aussi les indigènes hésitent-ils à se livrer à la culture des légumes; pourtant, en raison du développement de la ville de Conakry, ils auraient un écoulement facile de leurs produits et réaliseraient de bons bénéfices.

La réussite de la culture potagère n'est pas la même dans toute l'étendue de la Colonie. Au Fouta et dans la Haute Guinée, on peut cultiver tous les légumes des climats tempérés. Nous allons mentionner ici les résultats obtenus au Jardin d'essais et qui s'appliquent à la région côtière.

Légumes herbacés {
- Asperge;
- Chou;
- Laitues;
- Chicorées;
- Oseille;
- Persil;
- Poireau.

Légumes racines	Betterave ; Carotte ; Navet ; Radis.
Légumes fruits	Aubergine ; Concombre ; Piment ; Tomate.
Légumes graines	Haricots.

Quoique les légumes susceptibles d'être cultivés à Conakry ne soient pas en grand nombre, on peut voir cependant par ce qui précède que l'Européen peut obtenir journellement des légumes frais pendant une grande partie de l'année. Malheureusement la culture potagère est impossible pendant les fortes pluies et l'Européen se trouve privé de légumes frais au moment où le besoin se fait le plus sentir.

Il faut espérer que cette culture ne tardera pas à être pratiquée par les indigènes, ce qui leur permettra de réaliser de bons bénéfices, tout en donnant le confortable aux Européens.

PLANTES ALIMENTAIRES

Cajanus indicus (*Ambrevade*). — Cette plante est assez répandue dans la Colonie, mais n'est pas l'objet d'une culture proprement dite. Elle se développe rapidement et peut être employée avec succès pour ombrager les plantes délicates. C'est la plante par excellence pour ombrager les jeunes plants en pépinière ; elle peut être utilisée avantageusement dans les plantations de café, en attendant que les arbres d'ombrage soient suffisamment développés. En dehors de ce rôle utile, les rameaux et les feuilles de cette plante constituent un bon fourrage vert pour le bétail ; les graines à demi formées peuvent être consommées comme légumes et, arrivées à complète maturité, être utilisées pour la nourriture des volailles.

Convolvulus batatas (*Patate douce*). — En raison du peu de soins qu'elle exige, la patate douce est très cultivée par les indigènes et ses tubercules sont l'objet d'une grande consommation.

En dehors du rôle que joue cette plante dans l'alimentation de l'homme, elle peut rendre de grands services comme plante fourragère. Les feuilles et les tubercules fournissent en effet une nourriture abondante et rafraîchissante dont les animaux se montrent très friands.

Dolichos bulbosus (*Dolique bulbeux*). — Parmi les plantes alimentaires introduites dans la Colonie depuis la création du Jardin d'essais, le dolique bulbeux doit être considéré comme une des plus importantes. Cette plante, introduite par les soins du Jardin colonial, est appelée à jouer un grand rôle au point de vue alimentaire. Les tubercules à demi formés constituent un assez bon légume et sont appelés à prendre une place importante dans l'alimentation indigène.

En vue de la production des tubercules, les tiges doivent être pincées lorsqu'elles ont 30 centimètres de hauteur, au moment du buttage, et un deuxième pincement doit être opéré lorsqu'elles atteignent le sommet des échalas destinés à soutenir les tiges; de plus, les fleurs doivent être supprimées radicalement au fur et à mesure de leur apparition. On obtient ainsi des tubercules beaucoup plus gros et d'une plus grande valeur nutritive.

En 1901, ce traitement a donné des résultats concluants au Jardin d'essais. L'essai fait sur un terrain n'ayant reçu aucun engrais a donné 190 kilogrammes à l'are, donnant aux tubercules un poids moyen de 475 grammes, tandis que les porte-graines n'ont donné que 22 kilogrammes.

Pendant le courant de l'année 1902, le Jardin a continué la multiplication de cette intéressante légumineuse. Le rendement a été de 250 kilogrammes à l'are avec une augmentation de 60 kilogrammes sur l'essai de 1901. Les porte-graines n'ont donné que 21 kilogrammes. Enfin un essai de porte-graines, fait sur un terrain ayant reçu une fumure moyenne, a donné 150 kilogrammes de tubercules à l'are.

Le *Dolichos bulbosus* pourra fournir aux indigènes un bon

produit alimentaire; en dehors de cette utilisation, la plante peut être cultivée en vue de l'élevage du bétail, car les tubercules fournissent aux animaux une bonne nourriture pendant une grande partie de la saison sèche.

Manihot dulcis (*Manioc doux*). — Le manioc doux est très cultivé par les indigènes qui le consomment généralement à l'état cru sans lui faire subir aucune préparation. Le manioc peut également entrer avec avantage dans l'alimentation du bétail et constituer ainsi une réserve précieuse pendant toute la saison sèche. Le manioc amer est inconnu dans la Colonie.

Riz, Mil, Maïs. — Ces plantes sont cultivées par les indigènes, mais la production est loin de suffire à la consommation.

Le riz forme la base de l'alimentation indigène; sa culture est assez restreinte dans la région côtière. Elle a une plus grande importance dans l'intérieur de la Colonie, notamment dans la vallée du Niger, où le riz se trouve placé dans d'excellentes conditions pour donner chaque année d'abondantes récoltes.

Le mil est également consommé par les indigènes dans la Haute Guinée et joue un rôle important dans la nourriture des animaux de travail. On devra, à cet effet, lui réserver une bonne place dans une exploitation agricole.

Le foundounié (*Paspalum longiflorum*) n'offre pas l'intérêt des deux plantes précédentes.

La culture du maïs est très restreinte, et c'est à l'état frais que les épis sont généralement consommés. Cette plante peut être avantageusement cultivée comme fourrage vert et ainsi prendre une place importante dans l'exploitation agricole.

Plectranthus. — Il existe dans la Haute Guinée une labiée, connue sous le nom d'ousonifing, le *Plectranthus Coppini,* qui donne des tubercules de couleur noirâtre, pouvant remplacer la pomme de terre partout où le transport de cette dernière devient difficile et coûteux.

En février 1901, le Muséum adressa au Jardin quelques tubercules de *P. ternatus*. Cette variété diffère de la précédente par son feuillage un peu plus ample et par ses tubercules plus réguliers, de couleur rougeâtre.

Le *Plectranthus Coppini* paraît souffrir de l'humidité de la région côtière. En 1901, son rendement a été de 44 kilos à l'are, tandis que le *P. ternatus* a donné 66 kilos.

En 1902, à l'arrachage, les tubercules du *P. Coppini* étaient avariés de telle sorte qu'il a été impossible d'établir un rendement pour cette variété. Le *P. ternatus* a donné des tubercules d'assez beau volume, parfaitement sains, et a fourni un rendement de 84 kilos à l'are avec une augmentation de 18 kilos sur l'essai de 1901.

En raison de leur facile multiplication, de leur faible exigence au point de vue du terrain, ces deux plantes sont appelées à jouer un rôle important dans l'alimentation, les tubercules pouvant remplacer la pomme de terre.

PLANTES OLÉAGINEUSES

Les plantes oléagineuses intéressent particulièrement la région côtière où certaines d'entre elles sont l'objet d'un commerce assez important.

Certaines graines se rencontrent à l'état spontané et sont fournies par le *Carapa guineensis,* le *Lophira alata,* le *Pentadesma butyracea.* Mais, en dehors de ces plantes, il y en a quatre qui sont appelées à prendre une place importante dans notre agriculture locale, ce sont : l'Arachide, le Cocotier, les Sésames et le Palmier à l'huile.

Arachis hypogea (*Arachide*). — L'arachide est cultivée dans toute la région côtière ; le cercle du Rio-Nunez en est le principal producteur. C'est une culture purement indigène que nous devons encourager, et sans obtenir les mêmes résultats qu'au Sénégal, il sera facile cependant d'augmenter notablement la production. Il n'y a à cet effet qu'à guider les indigènes, leur montrer quels sont les terrains les plus favorables à cette plante, leur indiquer les meilleurs procédés de culture et leur fournir des semences sélectionnées qui augmentent le rendement en même temps que la valeur commerciale du produit.

Il ne faut pas perdre de vue que l'arachide est une plante améliorante dont les tiges et les feuilles constituent un fourrage excellent.

Cocos nucifera (*Cocotier*). — Il existe fort peu de cocotiers adultes en Guinée. C'est une plante d'avenir pour la région côtière, un palmier qui entre de bonne heure en rapport et qui permettra de mettre en valeur des terrains impropres à toute autre culture.

Dès 1900, un assez grand nombre de noix de coco ont été introduites, ce qui a permis de faire une importante plantation de cocotiers qui serviront à propager cette plante.

Si la fabrication des coprahs est impossible pendant la saison des pluies, elle pourra se faire sans difficulté pendant la saison sèche. Le cocotier est appelé à donner de bons résultats dans toute la région des palmistes et peut devenir une nouvelle source de richesses pour toute la région côtière.

Sesamum orientale (*Sésame*). — Les sésames se rencontrent un peu partout, mais c'est le cercle de la Mellacorée qui en produit le plus. Cette culture était beaucoup plus importante il y a quelques années; les indigènes l'ont à peu près abandonnée pour se livrer à l'exploitation plus rémunératrice des lianes à caoutchouc. Au moment où notre agriculture locale paraît se développer, la culture de cette plante mérite d'être encouragée.

Elœis guineensis (*Palmier à huile*). — Le palmier à huile n'est pas l'objet d'une culture proprement dite; il pousse spontanément, mais il y aurait lieu cependant de prendre des mesures pour éviter sa destruction et favoriser le développement des jeunes palmiers.

Les palmistes font l'objet d'un commerce important dans le Rio-Nunez et le Rio-Pongo; l'huile de palme, fabriquée sur place avec la pulpe qui entoure les graines, occupe une bonne place dans l'alimentation des indigènes.

Jardin d'essais de Conakry. — Cacaoyer.

PLANTES TEXTILES

Actuellement, dans la région côtière, parmi les plantes textiles, le *Sanseveria* seul pourrait être exploité, à condition d'établir des plantations importantes.

L'*Agave sisalina* et le *Fourcroya gigantea*, plantés au Jardin en 1900, ont bien végété jusqu'ici; mais, en raison de leur jeune âge, il est impossible de donner un aperçu du rendement et de la qualité du produit.

En ce qui concerne le *Coture*, les essais de 1901 ont suffisamment démontré que la culture de cette plante ne peut être avantageusement pratiquée dans la région côtière, la soie étant altérée par les pluies. La culture de cette plante est néanmoins pratiquée par les indigènes dans le cercle du Rio-Nunez; mais, en raison des capsules perdues, les colons ne peuvent songer à se lancer dans une pareille entreprise.

En revanche, le coton végète admirablement dans la moyenne et la Haute Guinée et sa culture pourra recevoir une bonne impulsion dès que les voies de communication seront ouvertes. En attendant, la création d'une station agricole dans le cercle de Kouroussa s'impose; elle aurait pour but principal la culture du coton.

PLANTES ANTIDÉPERDITIVES. ÉPICES

Dans cette catégorie trois plantes nous intéressent pour le moment : ce sont le Cacaoyer, le Caféier et le Kolatier.

Theobroma cacao (*Cacaoyer*). — Conakry paraît être la limite extrême pour la culture du cacaoyer, et ce ne sera que dans la Mellacorée que cette plante pourra être cultivée, à condition toutefois de faire un choix judicieux du terrain et de l'exposition.

Les cacaoyers plantés au Jardin en 1898 ont commencé à fructifier, mais il est prudent d'attendre quelques années avant de se prononcer définitivement à l'égard de cette culture.

Jardin d'essais de Conakry. — Caféiers du Libéria.

Coffea (*Caféier*). — Deux variétés de caféier peuvent être cultivées dans la région côtière :

1° *Coffea stenophylla* (caféier du Rio-Nunez);
2° — *liberica* (caféier du Libéria).

La première variété se rencontre à l'état spontané dans les cercles du Rio-Nunez et du Rio-Pongo. Le grain est petit, de forme arrondie lorsqu'il est récolté à complète maturité; il est très estimé comme qualité, mais la production est loin de suffire à la consommation.

Le caféier du Libéria se fait remarquer par son rapide développement et, malgré qu'une plantation importante ait donné dans la Colonie un échec complet, la réussite de cette variété peut être considérée comme assurée.

Une plantation faite au Jardin en 1898 a toujours présenté une belle végétation et les plus forts exemplaires commencent à se charger de fruits. Malheureusement la faible valeur commerciale de ce café ne permet pas aux colons d'en entreprendre la culture.

Pendant la saison des pluies 1902, le caféier du Rio-Nunez a été greffé sur le Libéria. Il y a tout lieu de croire que ce greffage donnera une plus forte végétation et un plus fort rendement.

Un assez grand nombre de variétés de caféier sont en culture au Jardin; elles ne présentent aucun intérêt pour la région côtière; ce n'est que dans l'intérieur de la Colonie qu'elles pourraient être cultivées.

Cola acuminata (*Kolatier*). — Le kolatier se rencontre dans toute la région côtière ; il entre un peu tard en production ; néanmoins cet arbre doit attirer notre attention, car le commerce des noix de kola augmente chaque année. C'est une culture qui ne demande pas de soins spéciaux : la mise en place seule demande à être opérée avec précaution, car elle est toujours difficile. Elle doit se faire dès la germination des graines, lorsque la tige a 10 ou 12 centimètres de hauteur. En opérant ainsi, il n'y a aucun vide dans les plantations, les plantes ne souffrent nullement de la transplantation, se développent vigoureusement et la fructification se trouve avancée dans de notables proportions.

PLANTES A CAOUTCHOUC

Les plantes à caoutchouc intéressent tout particulièrement la Guinée. Le caoutchouc est en effet le produit le plus important de la Colonie ; ce produit a contribué, pour une large part, au développement rapide de Conakry et a fait de la Guinée française une des colonies les plus prospères de la côte occidentale d'Afrique. Il était donc tout naturel que les plantes à caoutchouc fussent l'objet de toute attention dès la création du Jardin d'essais.

Jusqu'ici ce sont les *Landolphia* qui ont fourni tout le caoutchouc produit par la Colonie. Il y a également des *Ficus*, notamment le *F. Vogelii* qui ont donné un produit de qualité inférieure mais ils ont été abandonnés et les lianes seules sont actuellement exploitées. Les arbres à caoutchouc introduits dans la Colonie n'ont pas été exploités jusqu'ici.

Quel est le rendement d'une liane à caoutchouc? Il est évident que ce rendement doit varier avec l'âge des plantes, les terrains, l'époque des saignées, le mode d'extraction et le coagulant employé. D'après M. Chevalier, une liane de 20 à 50 ans ne peut donner que 50 grammes de caoutchouc en moyenne, par année. Une liane semée en mai 1898 a été saignée, au Jardin, en décembre dernier et a donné 20 grammes de produit. On comprendra sans peine que cette culture ne serait pas suffisamment rémunératrice pour l'exploitation européenne et les plantations de lianes à caoutchouc ne peuvent être opérées que par les indigènes.

La rapidité avec laquelle les indigènes ont transformé le caoutchouc démontre qu'il ne sera pas impossible d'arriver à leur faire opérer des plantations, ce qui permettra de propager ces intéressantes plantes qui jouent un rôle important dans la situation économique de la Guinée.

Arbres à caoutchouc. — Le caoutchouc étant la principale richesse de la Colonie, il était non seulement important, dès la création du Jardin d'essais, de propager et cultiver les lianes indigènes, mais d'introduire des arbres à caoutchouc qui paraissaient donner quelques résultats. Malheureusement ces végétaux demandent un certain nombre d'années pour donner des résultats concluants. Il est bon toutefois de voir comment ces arbres se sont comportés jusqu'ici, sans qu'il soit possible dès à présent de donner une idée précise sur leur réussite et rendement.

Jardin d'essais à Conakry. — *Hevea brasiliensis*.

Castilloa elastica. — Les trois exemplaires introduits en 1898 ont présenté jusqu'ici un développement normal. Ils ont actuellement une hauteur de 5 mètres et le tronc présente à sa base une circonférence de 45 centimètres.

Au mois d'août 1901, un envoi important de graines fut fait par le Jardin colonial; en raison de la rapidité avec laquelle les graines de *Castilloa* perdent leur faculté germinative, une quarantaine d'exemplaires seulement ont été mis en place; ils serviront à la propagation de cet arbre à caoutchouc si les résultats sont satisfaisants.

Hevea brasiliensis. — Le caoutchouc du Para présente une végétation plus rapide que le *Castilloa elastica*. En mai 1898, le Muséum d'histoire naturelle nous adressa 24 *Hevea* et, en juillet de la même année, 200 exemplaires furent envoyés par le Ministère des Colonies (Mission Bourdarie).

Ces plantes qui possédaient de 2 à 4 feuilles à leur arrivée, furent rempotées immédiatement et mises en place dans le courant du mois d'août. Ces *Hevea* ont toujours présenté une belle végétation et ne paraissent nullement souffrir de notre longue saison sèche pendant laquelle ils ne manifestent presque aucun arrêt de végétation. Actuellement quelques exemplaires ont atteint une hauteur de 7 mètres et présentent à leur base un tronc de 65 à 70 centimètres de circonférence. Quelques-uns d'entre eux ont fleuri et fructifié en 1901, ce qui a permis de terminer les plantations du Jardin d'essais pendant la saison des pluies de l'année dernière. La production de graines va aller chaque année en augmentant et la propagation de l'*Hevea brasiliensis* sera rapide en raison du nombre d'exemplaires en culture au Jardin.

Quelques *Hevea* pourront être saignés dans deux ou trois ans et, s'ils ne peuvent nous fixer sur leur rendement, ils nous renseigneront sur la qualité du produit.

Manihot Glaziovii. — De tous les arbres à caoutchouc introduits dans la Colonie, le caoutchouc du Ceara est celui qui se développe le plus rapidement. Il n'est pas rare en effet de lui voir acquérir 2 à 3 mètres de hauteur l'année même du semis ; son exploitation serait possible dès la quatrième ou cinquième année, mais momentanément les essais ne permettent pas d'encourager la culture de cet arbre.

Un essai fait au Jardin, en décembre dernier, a porté sur leux exemplaires semés en mai 1898. Une seule saignée a été praiquée et a donné pour les arbres 222 grammes de caoutchouc. 'exemplaire planté en terrain rocailleux, et se rapprochant par e fait du sol du pays d'origine de cette plante, a donné 58 grammes de produit, tandis que celui planté en sol profond 'a donné que 64 grammes.

Il serait donc dès à présent intéressant de faire cultiver cette lante par les indigènes et d'utiliser le *Manihot Glaziovii* comme essence de reboisement. En effet, les graines du caoutchouc du Ceara lèvent sans être limées avec la plus grande facilité et sa multiplication peut s'opérer sans aucun soin. En raison de sa grande fertilité et de la propriété que possèdent les fruits de projeter les graines à une assez grande distance, cet arbre peut être considéré comme une plante envahissante et il suffirait d'un nombre restreint de sujets, pour obtenir de véritables bois de *Manihot Glaziovii.*

En admettant que, dans ces conditions, chaque arbre adulte ne donne que 111 grammes de caoutchouc, c'est-à-dire le poids moyen donné par les deux exemplaires soignés au Jardin, ce serait là, je crois, un bon produit pour les indigènes dans les régions arides du Fouta où le *Manihot Glaziovii* se trouverait placé dans de meilleures conditions que dans la région côtière.

Chaque année, des semis successifs sont exécutés au Jardin d'essais afin de voir si, par la culture et une bonne sélection, il ne serait pas possible d'augmenter le rendement du *Manihot Glaziovii;* il y a tout lieu de croire qu'au bout d'un certain nombre d'années, les résultats seront meilleurs que ceux obtenus jusqu'ici.

ÉLEVAGE

On ne peut terminer ce rapide exposé agricole de la région côtière sans dire quelques mots de l'Élevage. En effet, parmi les richesses agricoles de la Guinée, l'élevage doit tenir une place importante. C'est une des rares colonies de l'Afrique occidentale qui possède un assez grand nombre de bœufs et de moutons, faisant chaque année l'objet d'une grande consommation. L'élevage mérite donc notre attention et rien ne doit être négligé pour augmenter la production et améliorer la race indigène.

Il ne faut pas perdre de vue qu'un troupeau est le complément indispensable à toute exploitation agricole, car dans ce cas les bœufs peuvent être utilisés aux transports, aux labours, et fournissent l'engrais indispensable aux cultures.

Jardin d'essais de Conakry. — *Landolphia Hendelotii.*

Les bœufs et les moutons sont produits en grande partie par le Fouta-Djalon. Les nombreuses rivières qui parcourent cette région, les nombreuses vallées où les animaux trouvent une nourriture assez abondante, concourent à faire de cette contrée un pays d'élevage. Mais si les Foulahs sont réputés de bons éleveurs, ils ne cherchent nullement à améliorer la race; c'est dans cette voie qu'on doit les engager afin d'obtenir des animaux plus précoces donnant un meilleur rendement.

La taille des bœufs de la Guinée ne dépasse guère $1^{m},20$; le poids moyen est de 200 à 250 kilogrammes, la viande est d'assez bonne qualité. La race est robuste, les animaux se dressent facilement et ils sont doués d'une force suffisante pour rendre de grands services dans les transports et les labours.

L'élevage ne peut être pratiqué que dans la Moyenne et la Haute Guinée. Il sera possible de choisir dans ces régions des vallées où il sera facile de détourner les rivières, de façon à pouvoir irriguer pendant la saison sèche et créer ainsi des prairies artificielles qui permettront de fournir aux animaux une nourriture abondante. Avant de s'engager dans cette entreprise, il est indispensable que les voies de communication soient ouvertes et que la race indigène soit améliorée.

Il n'en est pas de même, dès à présent, pour une exploitation agricole qui possède un troupeau pour le travail et pour la production d'engrais. En dehors des plantes de grande culture destinées à la nourriture du bétail, telles que dolique bulbeux, maïs, manioc doux, mil, patate, il est bon d'ajouter qu'il existe, dans la Colonie, des graminées qu'il suffit de couper à la fin de la saison des pluies, de faire sécher et de mettre à l'abri des intempéries. Ce foin naturel, sans être de première qualité, peut cependant fournir une nourriture abondante pendant toute la saison sèche.

C'est ainsi que l'on opère chaque année au Jardin d'essais pour le troupeau qui y est attaché en vue de la production de l'engrais nécessaire aux cultures. Pendant toute la saison sèche, les animaux reçoivent une ration journalière de foin et ne se ressentent nullement des inconvénients de la période. Les bœufs de travail reçoivent en outre une ration journalière de 3 kilogrammes de mil; ils continuent les transports et les labours et leur embonpoint n'indique pas un état de dépérissement.

En résumé, nous devons chercher à améliorer notre race indigène par une bonne sélection et une nourriture abondante. Lorsque la reproduction se fera dans de bonnes conditions, et que l'on arrivera à mettre les animaux à l'abri des intempéries, à faire récolter aux indigènes la quantité de fourrage nécessaire à la nourriture de leur bétail pendant la saison sèche, la mortalité diminuera, les produits seront plus précoces et donneront de meilleurs rendements.

L'élevage des volailles doit également nous intéresser. La poule indigène est de petite taille et la chair n'est pas de première qualité; l'introduction des meilleures races s'impose afin de connaître celles qui donneront les meilleurs résultats. Dès cette année des oies, canards, dindons, ont été envoyés à Ditinn; le Jardin d'essais possède les races suivantes :

Poule de Mantes;

Poule cochinchinoise;

Poule commune;

Poule de Hambourg;

Poule Padoue.

L'avenir nous apprendra comment ces races vont se comporter dans la Colonie.

LISTE DES PLANTES CULTIVÉES AU JARDIN D'ESSAIS

Arbres fruitiers.

Achras sapota;
Anacardium occidentale;
Ananassa sativa:
— var. Abacaxi;
— — Armand Gautier;
— — Baronne de Rothschild;
— — Cayenne à feuilles lisses;
— — Comte de Paris;
— — Euville;
— — Mont-Serrat;
— var. locale.
Anona cherimolia;
— *mucosa;*
— *muricata;*
— *squamosa;*
Artocarpus incisa;
— *integrifolia;*
Averrhoa bilimbi;
Balanites ægyptiaca;
Carica papaya, var. locale;
Carica papaya, var. Chouiana;
— var. 8 kilos;
Chrysobalanus icaco;
Chrysophyllum Cainito;
— *cæruleum;*
Cicca disticha;
Citrus aurantium;
— *deliciosa;*
— *limonum;*
Diospyros Kaki;
Eriobotrya japonica;
Eugenia Michellii;
Ficus Roxburghi;
Flacourtia Ramontchi;
Garcinia indica;
— *mangostana;*
Mammea americana;
Mangifera indica, var. locales;
Mangues greffées.
Mangue Divine;
— — Gordon;
— — Gouverneur;
— — Julie;
— — Raymond;
— var. sans nom.
Melicocca bijuga;
Mimusops balata;
Musa sinensis;
Musa, var. Banane Baban;
— — Barbade;
— — du Hamma;
— — Gingéli;
— — Mignonne;
— — Radja-Séré;
— — Sucre;
Nephelium lappaceum;
— *litchi;*
Pachyra aquatica;
Passiflora laurifolia;
— *quadrangularis;*
Persea gratissima;
Psidium araça;
— *Cattleyanum;*
— *Guiava;*

Psidium montanum;
Punica granatum;
Rheedia laterifolia;
Sarcocephalus esculentus;
Spondias Cythera;
Syzygium jambolanum;
Terminalia Catappa.

Épices. Plantes excitantes, antidéperditives.

Caryophyllus aromaticus;
Cinnamomum zeylanicum;
Coffea arabica;
— *canephora;*
— *laurina;*
— *liberica;*
— *Maragogipe;*
— *stenophylla;*
Cola acuminata;
Erythroxylon Coca;
Ilex paraguayensis;
Myristica fragrans;
Piper betle;
— *nigrum;*
Theobroma Cacao;
— var. Amelonado;
— — Calabacillo;
— — Criollo;
— — Forastero rouge;
— — San-Thomé;
— — Socomusco;
Vanilla planifolia;
— *pompona.*

Plantes à caoutchouc.

Castilloa elastica;
Ficus elastica;
— *Vogelii;*
Hevea brasiliensis;
Rickxia africana;
Landolphia Hendelotii;
— *Klainei;*
Manihot Glaziovii;
Mimusops balata;
Sapota Mullerii.

Plantes tinctoriales.

Hæmatoxylon campechianum.

Plantes textiles.

Agave sisalina;
Fourcroya gigantea;
Sanseveria guineense.

Plantes oléagineuses.

Arachis hypogea;
Carapa guineensis;
Carapa guyanensis;
Cocos nucifera;

Hyptis spicigera;
Irvingia Gabonensis;
Jatropha Curcas;
Pentadesma butyracea;
Sesamum orientale.

Plantes à essences, baumes, résines, vernis.

Andropogon muricatus;
— *vetiver;*
Eucalyptus (diverses variétés);
Hymenæa Courbaril;
Hymenæa verrucosa;
Laurus camphora;
Melaleuca leucodendron;
Pogostemon patchouli.

Plantes officinales.

Chavica officinarum;
Combretum Raimbaulti;
Copaifera officinalis;
Quassia amara;
Strophantus gratus;
Thevetia neriifolia.

Plantes alimentaires.

Cajanus indicus;
Convolvulus batatas;
Dolichos bulbosus;
Légumes européens;
Manihot dulcis;
Maranta arundinacea;
Oriza sativa;
Plectranthus Coppini;
— *ternatus;*
Solanum Commersoni.

Bois précieux ou d'ébénisterie.

Cedrela odorata;
Khaya senegalensis;
Swetenia Mahogoni.

Plantes pour ombrage. Avenues.

Albizzia Lebbeck;
— *moluceana;*
Calophyllum inophyllum;
Casuarina equisetifolia;
Cassia grandis;
Colvillea racemosa;
Erythrina indica;
— *velutina;*
Eucalyptus (diverses variétés);
Ficus benjamina;
— *elastica;*
— *retusa;*
— *Roxburghi;*
— *Vogelii;*
Hura crepitans;
Jacaranda mimosifolia;

Khaya senegalensis;
Jatropha Curcas;
Melia Azedarach;
Pitchecolobium Samau;
Sterculia cordifolia;
Spathodea campanulata;
Terminalia Catappa.

Plantes ornementales.

Alpinia galanga;
— *nutans;*
Allamanda Schotii;
Alocasia macrorhiza;
Bauhinia megalendra;
Bougainvillea spectabilis;
Canna indica;
Croton discolor (diverses variétés);
Cycas revoluta;
Dracœna canariensis;
— *terminalis;*
Hibiscus sinensis;
Lasiandra macrantha;
Leucœna glauca;
Musa d'ornement;
Nerium oleander;
Ravenala Madagascariensis;
Rosa var.;
Sesbania ægyptiaca;
Strelitzia reginæ;
Tecoma stans;
Telanthra versicolor.

Palmiers.

Areca Catechu;
Cocos nucifera;
Elæis guineensis;
Latania Lodigesi;
Martinezia Corallina;
Phœnix rupicola;
Sabal umbraculifera;
Thrinax argentea;
— *barbadensis;*
— *parviflora;*
Wallichia disticha.

TRAVAUX PUBLICS

ROUTE DE CONAKRY AU NIGER

La route de Conakry au Niger, qui vient d'être terminée cette année, fut décidée en 1895, après plusieurs années d'hésitation et de tâtonnements.

En 1891, le Service local, voulant attirer à Dubréka les caravanes du Fouta-Djalon, le pays du bétail, des peaux de bœufs et du caoutchouc, jugea qu'une route reliant Dubréca à Démokoulima, était devenue nécessaire. Les travaux, commencés l'année même, furent poussés jusqu'à la rivière Badi.

En 1892, l'extension prise par Conakry en faisait à la fois le siège du Gouvernement, le port et le centre commercial de la Guinée française. La plus grande partie des produits venus de l'intérieur, devant y trouver un débouché assuré, ne s'arrêtèrent plus à Dubréka. Pour faciliter aux caravanes l'accès de ce nouveau point, on projeta le prolongement vers Conakry de la route commencée l'année précédente. Cette route coupait l'île Tumbo à l'extrémité sud de laquelle est située la capitale de la Guinée française et reprenait au delà de la passe qui sépare l'île du continent, sur un parcours de 7 kilomètres jusqu'au village de Dixim.

En 1893, on s'aperçut que le tracé de cette route qui suivait le bord de la mer, nécessitait de nombreux travaux d'art, tels que ponts, digues, etc., à cause de la quantité des cours d'eau qu'on était obligé de traverser. Cette direction fut alors abandonnée, et un nouveau projet fit passer la route par la ligne de faîte. Au mois de mai 1895, les travaux étaient achevés jusqu'au 32e kilomètre et l'île Tumbo reliée au continent par deux digues en maçonnerie et un pont Eiffel.

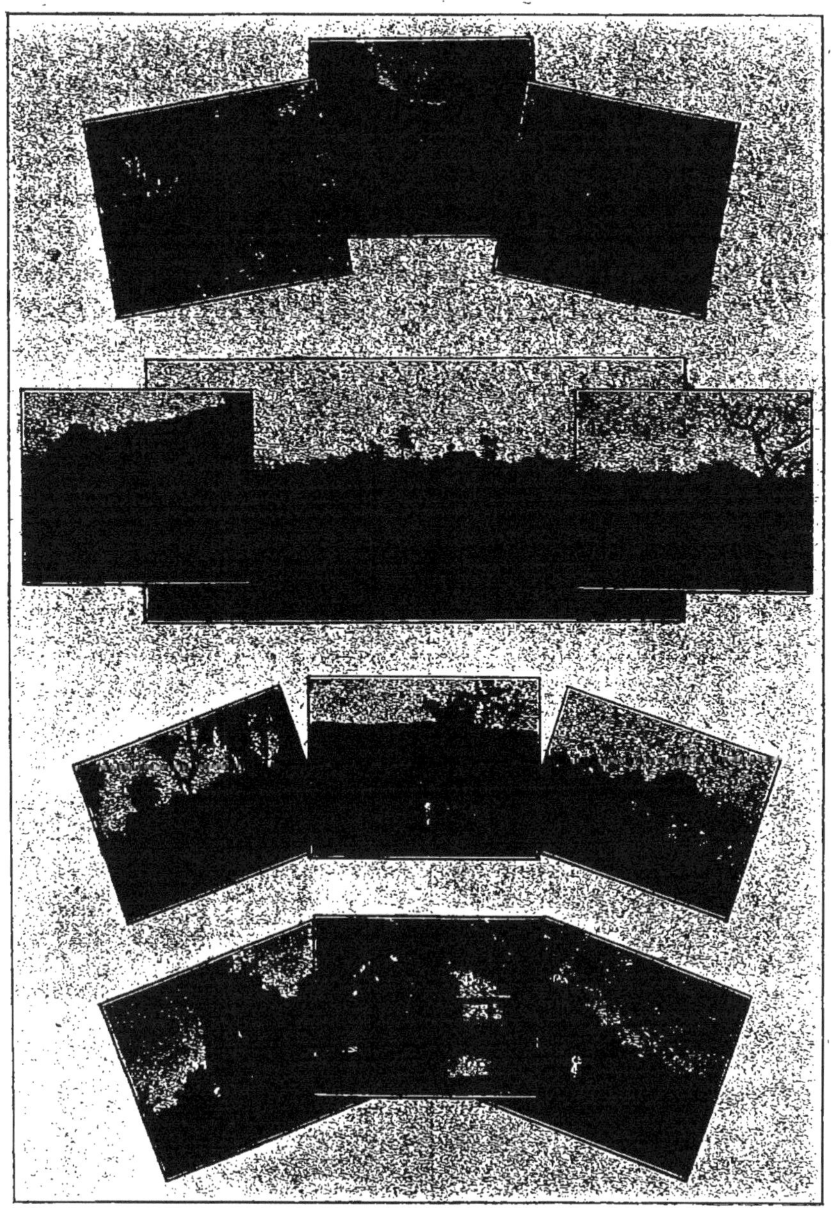

Pont sur la rivière de Bandi. — Construction d'un poste. — Pont au kil. 200.
La route aux environs de Kouroussa. — Route en plaine. — Route sur un plateau rocheux.
Gîte d'étape de Yogoronia, kil. 184. — Caravansérail de Dourré, kil. 312. — Halte au caravansérail de Friguiagbé, kil. 135.
Fromager géant, Souguetta, kil. 204. — Pont sur le Konkouré, kil. 336. — Réfection des fossés et caniveaux.

A cette époque, le cercle de Faranah fut rattaché à la Guinée française : la route de Conakry devait, de ce fait, changer encore une fois de direction ; son nouvel objectif fut le Niger.

En octobre 1895, M. Oswald, garde principal d'artillerie de marine, fut chargé par M. le Ministre des Colonies de continuer l'œuvre des Travaux publics dont les hésitations ajoutées, il est vrai, aux crédits très limités que les ressources locales permettaient d'affecter aux travaux, n'avaient abouti en quatre ans qu'à l'achèvement de 33 kilomètres.

En mai 1896, les travaux furent poussés jusqu'au 45e kilomètre, pendant que le capitaine Salesses faisait un projet raisonné et complet ayant pour but Faranah ; projet qui, par la suite, fut rigoureusement suivi de point en point jusqu'à Friguiagbé.

M. le garde d'artillerie Leprince qui, en mai 1896, avait succédé à M. Oswald, acheva ce premier tronçon en avril 1900, après avoir remplacé les ponts provisoires par des ponts en fer et maçonnerie. C'est à cette date que se place le voyage en voiture du gouverneur Ballay, qui vint lui-même inaugurer la route à Friguiagbé (kilomètre 135).

Sur ces entrefaites, les provinces du Soudan : Kissi, Beyla, Siguiri, Kankan, Dinguiraye et Kouroussa, furent rattachées à la Guinée française et un projet de chemin de fer exécuté de Conakry à Kouroussa. Il fut décidé qu'on ferait suivre à la route, d'une façon générale, ce projet, tout en desservant Timbo, chef-lieu du Fouta-Djalon, et en aboutissant à Toumanéa : 130 kilomètres de Kouroussa, 48 kilomètres de Dinguiraye, en un point du Tinkisso, où cet affluent du Niger est navigable jusqu'à son confluent qui n'est qu'à quelques kilomètres de Siguiri.

De Toumanéa, où les travaux furent commencés en février 1901, la route se dirige sur Bissikrima : 22 kilomètres. A ce point, elle rencontre le tracé du chemin de fer, qu'elle suit constamment jusqu'à Bayoréa. De Bayoréa elle marche sur Timbo, traverse le Bafing à Socotoro et pénètre dans le cirque de Timbo par le col de Socotoro.

La traversée du Bafing s'effectue à l'aide d'un bac à treuil qui permet facilement le transport de dix bœufs d'une rive à l'autre. Le type des bacs en service est constitué par trois pirogues du pays jumellées, comportant une membrure solidement boulonnée. L'immense avantage que ces bacs réalisent est de pouvoir se réparer facilement avec les moyens dont on dispose sur place.

De Toumanéa à Timbo, 150 kilomètres, six caravansérails : Bissikrima, Dabola, Dafila, Diendiou, Bourouvy, Socotoro, pourvus de matériel de campement, bancs, tables, etc...

Les travaux qui étaient achevés jusqu'à Timbo en septembre 1901, permirent des essais de transport par voitures, d'abord entre les deux points extrêmes de ce tronçon, puis jusqu'à Kouroussa, où une piste de 130 kilomètres avait été construite par les soins de l'administrateur de ce cercle.

Pendant l'année 1901, des pistes furent ouvertes qui reliaient Kankan à Kouroussa, et Siguiri à Toumanéa par Dinguiraye.

En novembre 1901, les travaux furent repris de Timbo vers Friguiagbé et continués sans interruption pendant toute l'année 1902 jusqu'à leur achèvement, en février 1903.

De Timbo, la route se développe à flanc de coteau sur un parcours de 7 kilomètres; elle sort du cirque de Timbo par le col de N'Daka et va rejoindre le tracé du chemin de fer à Donné, 18 kilomètres de Timbo. Elle suit constamment ce tracé jusqu'à Ymbo, à travers le massif de Téliko et parallèlement à la vallée du Konkouré, puis elle s'oriente franchement sur Kindia, raccourcissant son développement de 50 kilomètres sur l'ancien tracé du chemin de fer qui se prolongeait le long du Konkouré jusqu'aux environs de Kébalé, pour emprunter ensuite la vallée du Mayonkouré.

A Kindia, 14 kilomètres de Friguiagbé, la route rejoint le tracé du chemin de fer.

De Timbo à Friguiagbé (197 kilomètres), sept caravansérails : Douné, Mamou, Dongo, Ymbo, Bandi, Yogoronia, Toubouma qui, pourvus du matériel nécessaire aux caravanes et aux voyageurs européens, contiennent en outre un outillage suffisant à l'entretien de la route.

A Yogoronia, la traversée de la Kolenté (grande scarcie) s'effectue à l'aide d'un bac à treuil identique à celui de Bafing.

En résumé, la Guinée française se trouve à l'heure actuelle en possession d'un réseau de routes de plus de 600 kilomètres qui fait communiquer Conakry avec les principaux comptoirs du Niger et de ses deux affluents navigables le Tinkisso et le Milo. Cet ensemble constitue pour le commerce de la Colonie une im-

La route à Aïndé.

portante voie de communication qui a été réalisée, en moins de sept ans et a coûté 1.200.000 francs.

Indépendamment de l'avantage énorme facilitant les tranctions et les communications entre la côte, où est situé le chef-lieu et le port de la Colonie et les points extrêmes du haut pays, la route présente encore cette supériorité de suivre en grande partie le tracé du chemin de fer. Les services qu'elle a déjà rendus à la construction des 135 premiers kilomètres de voie ferrée, sont considérables et de nature à justifier le million qu'elle a coûté jusqu'à Friguiagbé. Et parce que de Friguiagbé à Kouroussa les constructeurs emploieront désormais le procédé dit à l'avancement, dira-t-on que la dépense de 169.000 francs, qu'elle a nécessitée de Friguiagbé à Kankan, est une dépense inutile? Nous nous en rapportons, à cet égard, au témoignage de ceux qui l'ont parcourue, sans descendre une seule fois de hamac. Plus tard, c'est sur elle que viendront se greffer les autres routes d'intérêt local destinées à desservir tous les points de la Colonie, et à drainer les produits des provinces éloignées vers le chemin de fer dont elle reliera les gares.

A son entrée dans le Fouta-Djalon, kilomètre 240, elle est jalonnée à droite et à gauche par des margas et des roundès, vastes fermes foulas où sont élevés les millliers de bœufs qui font la richesse de ce pays. Elle traverse le massif de Téliko dans sa partie la plus accidentée : tantôt dominée par les coteaux que recouvrent de gras pâturages, longeant les belles vallées verdoyantes du Téliko, du Mamon, du Coumi, du Bafing, tantôt couvrant de vastes plaines fécondées par les eaux de ruissellement et par les apports des multiples torrents qui descendent de la montagne.

Lorsqu'elle quitte le bassin du Bafing pour pénétrer dans le bassin du Niger en suivant les vallées de la Guaraleh et du Tinkisso, le paysage change brusquement. La route passe d'un chaos titanique dans une contrée basse, à peine mamelonnée, souvent marécageuse, faite à souhait pour la culture. Dès l'hivernage, le sol, engraissé par les crues du Djoliba et de ses affluents, se couvre de rizières. Deux récoltes annuelles sont permises dans ces terrains dont la fertilité pourrait en faire le grenier de la Guinée Française. Dans l'avenir, une simple pression sur les indigènes permettra à la culture vivrière de cette zone, de satisfaire aux besoins de la Colonie tout entière, sans qu'elle ait recours, comme aujourd'hui, à l'Inde pour compléter ses approvisionnements de riz. De loin en loin la route s'engage à travers des bouquets de bois aux arbres gigantesques, gommiers et cailcédras, qui émergent de taillis buissonneux, constitués en grande partie par l'enchevêtrement des lianes à caoutchouc.

De Kankan, c'est la porte ouverte sur le Kissi-Beyla Maminian dont les produits, le caoutchouc principalement, commencent à prendre le chemin de Conakry.

Les indigènes qui descendent ou montent de la côte vers les hautes régions, suivent la route de préférence aux anciens sentiers, certains qu'ils sont de trouver des abris convenables dans les caravansérails et le matériel de campement qui leur permet de faire cuire leurs aliments sans avoir à s'adresser aux habitants des villages. De petits marchés se sont créés à proximité de ces gîtes d'étape où les caravanes trouvent à acheter riz, manioc, patates, arachides, huile de palme, etc., tous aliments sur lesquels elles fondent habituellement leur cuisine.

Les travaux d'entretien pour l'année 1903 sont confiés aux divers administrateurs, chacun en ce qui concerne la portion de la route qui traverse son cercle.

Voici la liste orthographique des noms portés sur la carte de la route de Conakry au Niger, que l'on trouvera à la fin de cet ouvrage :

Conakry.	Niéneya. Km. 120.	Dongol. Km. 258.
Camayen.	Koliagbé. Km. 128.	Aïndé.
Coléa.	Friguiagbé. Km. 135.	Mamou. Km. 282.
Mata.	Foulaïa.	Coumido.
Dixim.	Damakania.	Dindéa.
Paragbé.	Kindia. Km. 149.	Ouangako.
Simbaya.	Tabouna. Km. 159.	Souléa.
Tanéné.	Bakou.	Donné. Km. 312.
Songoya.	Néribili.	Timbo. Km. 332.
Kissosso. Km. 23.	Kouyéya.	Bourouvy.
Rabompa.	Yogoronia. Km. 184.	Bayoréa. Km. 363.
Lansania.	Solokouré.	Fodé Hadji. Km. 375.
Coutouïa.	Maléa.	Diendiou. Km. 387.
Friguiadi.	Kalia.	Dafila. Km. 414.
Manéa.	Souguetta.	Soarella. Km. 423.
Bangouya.	Bandi. Km. 210.	Dabola. Km. 438.
Tabili. Km. 79.	Kousourou.	Bissikrima. Km. 461.
Limoyat. Km. 90.	Ouorobé.	Toumanéa. Km. 483.
Friguiadi.	Ymbo. Km. 239.	Kouroussa.
Yembeta.	Almamya.	Kankan.
Manbia. Km. 106.	Kourouya.	Dinguiraye.
Samaya.	Badembaya.	Siguiri.

CHEMIN DE FER DE CONAKRY AU NIGER (10 JUIN 1903)

Situation des travaux au début de 1902. — Au moment de la reprise des chantiers de l'entreprise par la Colonie (après la résiliation amiable du marché passé avec MM. Chrismant et

La voie au kilomètre 9.

Mairesse en 1900), l'état des travaux, ainsi que cela a été exposé dans le rapport d'ensemble précédent, était le suivant :

L'entreprise avait attaqué les travaux sur trois points distincts :

1° Elle avait achevé la plate-forme et les maçonneries jusqu'au kilomètre 19 et commencé les terrassements du kilomètre 19 au kilomètre 23 ;

2° Elle avait entamé les terrassements des quinze derniers kilomètres du premier lot (kilomètre 45 à 60). Bien que fort avancé en certains points, ce travail n'était terminé nulle part ;

en outre, il y avait de nombreuses lacunes, parmi lesquelles la plus grande atteignait 2 kilomètres. Dans cette section, l'entreprise avait construit deux ponts, l'un de 30 mètres, l'autre de 5 mètres, mais les autres ouvrages, sauf quelques-uns très peu importants, n'étaient pas commencés ; or, ils sont nombreux et comprennent, entre autres, deux ponts de 60 mètres, un pont de 25 mètres et deux longs murs de soutènement avec voûtes en décharge ;

3° L'entreprise avait terminé les terrassements des 10 premiers kilomètres du second lot et entamé, par portions, les terrassements des 5 kilomètres suivants. Aucune des maçonneries du second lot n'était commencée.

En outre, la Colonie avait exécuté en régie les terrassements des kilomètres 107 à 148,500 et les maçonneries des kilomètres 120 à 135.

Organisation des travaux. — La direction du chemin de fer concentra tous ses efforts sur l'exécution du programme suivant :

1° Établir la continuité de la plate-forme jusqu'au point extrême attaqué par l'entreprise ;

2° Pousser, dès que cela serait possible, la pose de voie, très rapidement, de manière à réduire le service des transports effectués par d'autres moyens que la voie ferrée ;

3° Boucher la lacune entre les kilomètres 75 et 107 ;

4° En même temps que les travaux précédents, exécuter l'œuvre de longue haleine qui consiste à installer définitivement la direction du chemin de fer, la gare et les ateliers de Konakry ;

5° Parachever le reste de la ligne par la méthode dite « à l'avancement ».

Établissement de la continuité de la plate-forme sur les 72 premiers kilomètres. — Pour réaliser cette première partie du programme, cinq gros chantiers furent établis :

1° Un officier, quelques sous-officiers et sapeurs du génie et 2.000 travailleurs indigènes, établis entre les kilomètres 19 et 43, devaient boucher cette lacune dans les terrassements, exécuter les maçonneries de tous les ouvrages d'art après le kilomètre 19, y compris celles du pont de 60 mètres à établir sur le Lamékouré.

Ce chantier s'acquitta très rapidement de sa tâche, qui fut entièrement terminée à la fin de décembre 1902.

2° Un officier principal d'administration ayant sous ses ordres un officier d'administration, des surveillants civils et 2.500 tra-

Essais du pont de la Lamékouré, kil. 43.

vailleurs indigènes devait terminer les travaux le long du Kakoulima (kilomètre 43 à 60). Malgré la grosse quantité de maçonneries difficiles à exécuter, ce chantier acheva sa tâche en mars 1903.

3° Un officier, plusieurs sous-officiers et sapeurs et 1.500 travailleurs environ, devaient boucher les lacunes existant entre les kilomètres 60 et 72 et exécuter les maçonneries des ouvrages d'art au nombre d'une vingtaine que présente cette section. Ce travail fut terminé à la fin de mai 1903. Un officier d'administration avec quelques sapeurs, 60 mulets, 30 voitures et 400 indigènes dut achever l'installation de la voie Decauville entre Manéah et Kindaia (kilomètre 44), faire par cette voie le transport de Manéah (où il les recevait de Conakry par mer) des mille tonnes de ponts métalliques destinés à la ligne, assurer le ravitaillement en chaux, ciment et riz de tous les chantiers, jusqu'à l'arrivée du rail à leur hauteur, soit par la route, au moyen de voitures et de porteurs, soit par le Decauville,

Chemin de fer. — Chute du Tabili.

pour les chantiers qui pouvaient être ravitaillés par cette voie.

5° Un atelier de montage, comprenant un surveillant monteur européen et des ouvriers d'art indigènes, fut chargé du montage des ponts métalliques. Ce travail commença à partir de Kindaia en suivant la plate-forme et gagna à droite et à gauche de proche en proche, au fur et à mesure que la plate-forme et les maçonneries des ouvrages d'art étaient terminées. Ce montage marcha toujours très rapidement et la pose de voie ne fut retardée par le montage des ponts qu'une seule fois, au passage de la Lamékouré (pont de 60 mètres de portée).

Pose de voie et ballastage. — L'organisation de ce chantier fut retardée au début par l'absence de matériel roulant. La première locomotive fut montée dans le courant de juin, et les premiers véhicules arrivèrent en juillet. Les premiers crapauds, boulons de crapauds et boulons d'éclisses, nécessaires à la pose de voie,

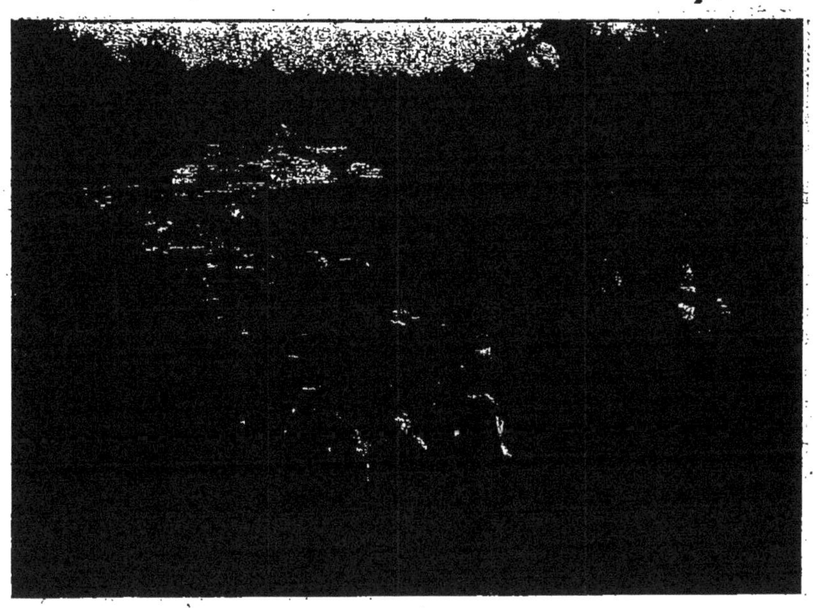

Chemin de fer. — Chute du Badi à Kadé.

arrivèrent à la fin du mois d'août, et c'est en septembre 1902 que l'on commença l'apprentissage des indigènes qui devaient être employés à la pose de voie.

Le ballastage était fait préalablement par un chantier de 1.200 hommes, au moyen d'une voie Decauville. La pose des rails, souvent retardée par le ballastage, ne commença qu'en octobre 1902. Dans le courant du mois d'octobre, on posa 3 kilomètres ; en novembre, on posa 11 kilomètres, mais la vitesse du travail augmenta très rapidement, et à partir du 15 décembre, l'équipe de pose proprement dite, qui ne comprend que 2 Européens et de 100 à 120 indigènes, était capable de poser régulièrement 700 mètres de voie par jour. Dans certains cas exceptionnels, ces 700 mètres furent posés en une matinée. En arrière se trouvent reparties les équipes de relevage, de bourrage, de dressage et de finissage qui, avec 400 travailleurs en moyenne, ont toujours suivi très régulièrement l'équipe de pose.

Tranchée au kilomètre 48.

La pose de voie était, le 10 janvier, au kilomètre 43 ; elle fut retardée par le passage du Lamékouré, mais avança néanmoins très rapidement, et le 30 avril, elle atteignait le kilomètre 72, à peu de distance de la gare du Tabili.

En tête du chantier de pose et de ballastage et dépendant du capitaine du génie, chef de son chantier, travaillait l'équipe de repiquetage, composée d'un officier et de quelques manœuvres qui procédait à l'implantation définitive de la voie sur la plate-forme en plan et en nivellement et à l'établissement du profil en long définitif de la ligne; ce travail était arrivé le 1er mai au kilomètre 110.

Le chantier de pose de voie a établi aussi, jusqu'à ce jour, les voies et bâtiments des gares de Simbaia, Condéhiré, Kouria et le Tabili, ainsi que les alimentations d'eau de ces gares.

Organisation de la gare et des ateliers de Conakry. — Les travaux de la gare, commencés en décembre 1902, sont actuellement très avancés. On a monté deux bâtiments à étage avec véranda et charpente métallique, de 25 mètres de longueur sur 12m,60 de largeur environ, destinés au logement du personnel civil et militaire.

Arceaux de soutènement.

On a aménagé 14 logements pour le personnel dans les bâtiments achetés pour la direction (dont deux ont été surélevés) et installé définitivement les ateliers à bois, qui comprennent 7 machines-outils et une machine à vapeur de 12 chevaux. On a construit un dépôt pour 8 locomotives, de 40 mètres de longueur et de 8 de largeur, un atelier de montage de 40 mètres de longueur et de 8 mètres de largeur avec de vieilles formes modifiées provenant de l'entreprise, un atelier d'ajustage de 25 mètres de longueur et de 8 mètres de largeur et muni de 14 machines-outils mises en mouvement par une machine à vapeur de 20 chevaux.

Pont sur le Tambaloumbé-Kouré.

Sont en construction actuellement : une halle à marchandises de 40 mètres de longueur, un quai découvert à marchandises de 400 mètres carrés de surface, une forge (avec 6 feux et un marteau pilon à vapeur) de 45 mètres de longueur et de 9 mètres de largeur. Les terrassements de la gare sont aussi très avancés; on a posé toutes les voies de la gare (3 kilomètres environ), 3 plaques tournantes dont deux de $6^{m},20$ et 15 aiguillages.

Les ateliers, indépendamment des travaux nécessités par l'installation des machines-outils et des réparations du matériel avarié

Cascade de Virlim.

par les transports, ont établi les moyens de fixation de la voie sur tous les ponts, confectionné tout le matériel de pose de voie, préparé 7 passages à niveau sur traverses métalliques, 3 croisements obliques sur traverses métalliques pour voie de $0^m,60$ et de 1 mètre et monté 3 locomotives de 26 tonnes, 3 locomotives de 11 tonnes, 74 véhicules pour l'exploitation (dont 12 voitures à voyageurs) et 36 véhicules pour les terrassements.

Continuation des travaux au delà du kilomètre 75. — Les dernières parties du programme : boucher la lacune entre les kilomètres 75 et 109 et parachever la ligne au delà de ce dernier point, sont en cours d'exécution. Depuis deux mois, la direction du chemin de fer y a consacré tous ses efforts et y a rassemblé 8.000 travailleurs. On poursuit les maçonneries dans cette section qui, sauf les ponts de la Benty, de la Niékha et de l'Ouendékouré sont avancés ; le montage du pont du Tabili est commencé.

La ligne télégraphique est posée et en exploitation jusqu'au kilomètre 100.

Tout fait présumer que la pose de voie pourra recommencer le 1er septembre, et il y a lieu d'espérer que, dans un délai de quelques mois, le rail arrivera au terminus du chemin de fer, à Kindia.

Travaux accessoires. — En plus des travaux indiqués ci-dessus, il faut se rappeler que la direction du chemin de fer a assuré le transport et l'arrimage sur le terrain de la gare de Conakry de 1.400 tonnes de charbon et de 17.000 tonnes environ de matériel de voie (rails, éclisses, traverses, etc.). Elle a chargé et transporté par mer 800 tonnes de ponts, buses ou potaux télégraphiques et 810 tonnes environ de matériaux divers (outils, poudre, dynamite, matériel Decauville, vivres pour les hommes et les animaux, bois de charpente, etc.) ; reconstruit à la Koufouna l'infirmerie du chemin de fer, primitivement établie à Siakhéa, établi une seconde infirmerie au terminus du chemin de fer, à Kindia, et étudié le prolongement de la ligne sur les 150 kilomètres qui suivent Kindia en levant toutes les variantes qu'une connaissance de plus en plus complète du pays a permis de découvrir.

Enfin la direction du chemin de fer a continué à assurer l'entretien au compte du budget local des 135 premiers kilomètres de la route du Niger qui en certains points a nécessité de sérieux travaux (réfection des culées du pont de la Koufouna, reprise en sous-œuvre de trois piles du pont du Tabili, grosses réparations à la rampe de Tangbaia et au pont de Manbia, etc.). Une somme de 50.000 francs a été nécessitée par ces diverses dépenses.

Pont sur le Lamékouré.

Elle a aussi assuré le transport, tant pour les travaux en régie que pour les travaux faits à l'entreprise, de 4.000 tonnes de matériel environ, pour la conduite d'eau.

CONDUITE D'EAU DE CONAKRY (10 JUIN 1903)

Généralités. —La ville de Conakry, située dans une île plate et peu étendue, n'était, jusqu'à ce jour, alimentée en eau que par des puits dont les eaux provenaient d'une nappe d'infiltration peu profonde, nappe dont le niveau varie périodiquement avec les marées. Cette situation était dangereuse, la nappe d'alimentation pouvant être très facilement contaminée par les infiltrations superficielles. De fait, une analyse chimique, faite en avril 1901,

Conduite d'eau. — Campement des Européens.

d'un échantillon d'eau prélevé dans un des puits de la ville (puits de l'ancien hôpital), donna les résultats suivants :

Limpidité au repos	Limpide, mais dépôt assez abondant.
Réaction	Neutre.
Titre alcalimétrique.	0gr. 01.
Odeur	Néant.
Degré hydrotimétrique total.	1° 1/2.
Chlorures (en chlore par litre). . .	0gr. 014.
Chaux	Néant.
Matières organiques (exprimées en oxygène par litre).	0gr. 0042.
Nitrates	0gr. 0005.
Fer (par litre)..	0gr. 005.
Examen microscopique du dépôt. .	Végétaux désorganisés et algues. L'analyse chimique indique une forte proportion de matières organiques.

En outre, vers la fin de la saison sèche, le niveau de la nappe baisse beaucoup et la quantité d'eau disponible est insuffisante pour les besoins d'une population sans cesse croissante.

Préoccupé de cette situation, M. le Gouverneur Ballay fit étudier par le service des Travaux publics d'abord (années 1898 à 1900), puis par la direction du chemin de fer, les moyens d'amener à Conakry de l'eau provenant d'une des rivières de la presqu'île du Kaloum. Les résultats de ces différentes études furent envoyés à l'Inspection générale des Travaux publics des Colonies à Paris, et, après examen, le Ministre approuva les dispositions générales d'un projet présenté par la Direction du chemin de fer, le 26 août 1900, projet qui est actuellement en cours d'exécution.

Bassia. — Premier marigot.

Ce projet consiste à amener à Conakry les eaux qui alimentent le Lamékouré, au kilomètre 41. Le débit de ce cours d'eau varie suivant les saisons : à la fin de la saison sèche (mesures faites le 11 avril 1900 et le 15 mai 1903), le débit au point de captage est de 1.050 litres par minute, soit environ 1.512 mètres cubes par 24 heures. Pendant huit mois de l'année, il dépasse 2.000 mètres cubes par 24 heures.

D'après les ordres du Ministre, la conduite d'amenée doit pouvoir débiter ces 2.000 mètres cubes par 24 heures, de manière à pouvoir assurer ultérieurement à la ville en tout temps cette quantité d'eau, en réunissant aux eaux du Lamékouré les eaux qui alimentent un autre cours d'eau voisin, le Takouré. (Ces dernières ont, au point de captage qui se trouvera au kilomètre 43,500, un débit, en saison sèche, de 790 mètres cubes par 24 heures.)

Les eaux du Takouré et du Lamékouré sont dans d'excellentes conditions au point de vue hygiénique. Voici, en effet, les résultats de différentes analyses chimiques et bactériologiques faites à l'Institut Pasteur, de Lille, en 1901, sur des échantillons d'eau prélevés *aux points de captage* dans ces deux cours d'eau :

Analyse chimique.

	LAMÉKOURÉ.	TAKOURÉ.
Limpidité au repos	Très limpide.	Très limpide.
Réaction	Neutre.	Neutre.
Titre alcalimétrique	0 gr. 009.	0 gr. 010.
Odeur	Néant.	Néant.
Degré hydrotimétrique total	3°5.	3° 5.
Chlorures (en chlore par litre)	0 gr. 0094.	0 gr. 010.
Chaux	Néant.	Faible quantité non dosée.
Magnésie	Néant.	Néant.
Matières organiques (dosées en oxygène par litre)	0 gr. 001.	0 gr. 0012.
Oxygène dissous	Néant.	Néant.
Fer (par litre)	0 gr. 0024.	0 gr. 002.
Interprétation des résultats des analyses	Cette eau est de composition normale; sa composition chimique est celle d'une eau potable.	La composition chimique de cette eau est celle d'une eau potable.

Analyse bactériologique : Lamékouré.

Échantillon puisé dans la rivière, au point où le courant est le plus rapide..................	40 germes. 0 germe liquéfiant. 0 moisissure. Eau très bonne.
Échantillon pris sur le bord, au point où le courant est le plus faible..........................	340 germes. 10 germes liquéfiants. 10 moisissures. Eau potable.

Mode d'exécution des travaux. — Après des pourparlers avec divers entrepreneurs, la Colonie a conclu, par l'intermédiaire du Ministère des Colonies, une convention de gré à gré avec la Société de Pont-à-Mousson, en vertu de laquelle celle-ci se chargeait :

1° De la fourniture, du transport à pied-d'œuvre, de l'exécution des tranchées et des remblais, de la pose et de l'épreuve de la distribution intérieure dans la ville de Conakry;

2° De la fourniture, du transport à pied-d'œuvre, de la pose et de l'épreuve de la conduite d'amenée du Lamékouré à Conakry.

La Colonie devait fournir à la Société un plan au 1/2000 de la conduite d'amenée et un profil en long au 1/200 pour les hauteurs et au 1/2000 pour les longueurs de cette même conduite. La Colonie prenait en outre à sa charge et devait assurer en règle, par ses propres moyens, l'exécution des travaux suivants :

1° Les lavoirs et abreuvoirs prévus dans la ville de Conakry;

2° La prise d'eau du Lamékouré;

3° Tous les terrassements (y compris les remblais de la conduite après épreuve);

4° Toutes les maçonneries et tous travaux autres que la pose des tuyaux proprement dite (regards de visite, passerelles de support des siphons, aqueducs d'écoulement des eaux superficielles dans les portions en remblai, vidanges des décharges, réservoirs de rupture, de charge, etc., etc.;

5° La construction du château d'eau de Conakry.

La surveillance et l'exécution des travaux furent partagés

entre les Services des travaux publics et du chemin de fer, de la façon suivante : les Travaux publics eurent la surveillance des

Bassia. — Deuxième marigot.

travaux de distribution dans la ville et l'exécution des travaux s'y rapportant (fontaines, lavoirs, etc.); la Direction du chemin de fer fut chargée des levers de tous les travaux en dehors

Bassia. — Troisième marigot. Construction de la passerelle et échafaudage pour le passage des trains de tuyaux.

de Conakry et aussi de la construction du château d'eau.

Disposition du projet en cours d'exécution. — L'étude détaillée au 1/2000, dressée après les études faites sur le terrain pendant les mois de mars, avril et mai 1902 par une brigade de sous-officiers et sapeurs du génie dirigée par M. l'officier d'administration du génie Cunin (tous les levers furent exécutés au 1/2000 à la planchette et à la règle à éclimètre, les cheminements chaînés et nivelés au niveau à lunette) modifia très peu l'avant-projet dressé par la Direction du chemin de fer en août 1900.

Les principales dispositions de ce projet sont les suivantes :

La conduite de distribution part du radier de la chambre d'eau accolée au barrage de retenue (lequel mesure 28 mètres de longueur et 2 mètres de hauteur) établi sur le Lamékouré, à la cote 84, 70. Elle gagne, par une pente très faible, la route du Niger qu'elle atteint un peu avant l'Ouendékouré. Elle suit à peu près la direction générale de la route, en traversant en siphon et sur des passerelles métalliques (à piles en maçonnerie) les rivières suivantes : Ouendékouré, Tilokouré, la Sounbie, la Fassia. Elle se déverse au kilomètre 35.510 dans un réservoir de rupture de charge.

Entre la prise d'eau du Lamékouré (kil. 41,680) et ce réservoir, son diamètre est de $0^m,25$; entre le réservoir de rupture et Conakry, son diamètre est de $0^m,30$.

La conduite traverse ensuite sur des passerelles, dont certaines dépassent 8 mètres de hauteur et 80 mètres de longueur, les vallées de la Guinékouré, de la Bengua, de la Tafinka, du Boussi-Boussa, du Pampakouré et du Kissosso. Après le passage de ce cours d'eau, la conduite s'éloigne franchement de la direction suivie par la route pour se rapprocher du bord de la mer, franchit en siphon, toujours sur passerelle, le Latékouré et la rivière de Bassia, passe à l'embouchure de la rivière de Mata sur un ouvrage en maçonnerie destiné à la mettre à l'abri des atteintes de la marée, puis rejoint la ligne du chemin de fer au kilomètre 5,480 et suit la portion sud de la plate-forme de ce point jusqu'à Conakry. Dans l'intérieur de la ville, elle se sépare de la voie ferrée à 300 mètres environ des réservoirs. La conduite est capable de débiter 2.280 mètres cubes d'eau par 24 heures.

Le château d'eau, établi sur le point le plus élevé de l'île (point coté 15 mètres), comprend trois réservoirs cylindriques en tôle du type Intze de 8m,80 de diamètre ayant leur partie supérieure à la cote 24m,50 et contenant chacun 265 mètres cubes. Une tuyauterie spéciale permet de jeter à volonté les eaux de la conduite d'amenée dans un quelconque des trois réservoirs et d'arrêter ou de faire à volonté la distribution de l'eau contenue dans un quelconque d'entre eux. Ils sont reliés au réseau de distribution par une con-

Aqueduc de 3 mètres d'ouverture du Kissosso.

duite de 0m,40 de diamètre. Ils sont montés sur des tours en maçonnerie de 4 mètres de hauteur dont les fondations assises sur le rocher ont jusqu'à 3m,50 de profondeur. Pour permettre à l'eau des réservoirs de rester fraîche, ils sont mis à l'abri de la chaleur extérieure par une chemise en maçonnerie de 0m,60 d'épaisseur et sont recouverts d'une toiture portée sur une charpente métallique.

L'ensemble constitue un bâtiment mesurant hors-œuvre 30m,80 de longueur, 11m,60 de largeur et 13m,60 de hauteur, et pouvant emmagasiner 795 mètres cubes d'eau.

Le réseau de distribution comprend une conduite maîtresse alimentant des conduites posées dans tous les boulevards et réunies près de leurs extrémités par un circuit général servant à régulariser les débits et permettant au besoin de supprimer l'alimentation par la conduite d'un des boulevards sans interrompre la circulation à la périphérie. La conduite maîtresse se prolonge sur la route du Niger de manière à permettre ultérieurement

Le Pampakouré.

d'établir des branchements de distribution dans la partie occidentale de l'île, lorsque la population sera portée de ce côté; l'eau à provenir de l'adduction du Takouré est en principe destinée à assurer l'alimentation en eau de cette partie de la ville.

Le réseau de distribution a été organisé de manière à pouvoir débiter les 2/3 de la quantité d'eau que la conduite est capable d'amener dans la portion de la ville située à l'ouest du 8e Boulevard; la conduite maîtresse a été calculée de manière à pouvoir assurer simultanément le fonctionnement de la moitié de la totalité des orifices de puisage. Bien que le réservoir prévu ne permette pas cette hypothèse, on a adopté un débit possible de 21 litres à la minute pour les prises publiques et les branchements particuliers; cela revient à admettre la distribution en 9 heures de jour de toute la quantité d'eau amenée en 24 heures, chose qui ne sera possible en tout temps, qu'après l'adduction des eaux du Takouré et à condition que la capacité des réservoirs du château d'eau soit augmentée et portée à 1.600 mètres cubes.

Le réseau de distribution (tel qu'il a été établi) alimentera la gare de Conakry, l'hôpital Ballay, l'appontement, le Jardin public, des jets d'eau et une fontaine monumentale, placés en divers points de la ville, 3 lavoirs publics, 40 bornes-fontaines, 2 abreuvoirs et 40 branchements particuliers.

État des travaux au commencement de juin 1903. — Les travaux de la distribution de la ville sont achevés, sauf quelques prises d'eau particulières; les réservoirs sont très avancés, la pose de la conduite d'amenée est terminée jusqu'au 32e kilomètre, la prise d'eau du Lamékouré est en cours d'exécution. Il y a lieu de prévoir que tous les travaux restant à faire seront terminés à la fin de la présente année, et que le travail considérable que représente dans une colonie neuve comme la Guinée française, l'adduction d'eau de source à une distance de plus de 40 kilomètres aura été menée à bonne fin, malgré deux hivernages, en moins de 22 mois.

Dépenses. — Le total des dépenses s'élèvera pour la conduite d'amenée à 1.908.743 fr. 40, se décomposant comme il suit:

Travaux à l'entreprise	1.407.743.40
Prise d'eau du Lamékouré	50.000.00
Réservoirs de Conakry	112.000.00
Égout de 400 mètres de long pour conduire à la mer le trop-plein des réservoirs	20.000.00
Terrassements, maçonneries des regards et des passerelles, passerelles métalliques	293.500.00
Frais de tracé et de contrôle	25.000.00
TOTAL :	1.908.743.40

Ce total diffère peu de l'estimation sommaire primitivement

faite, et encore il comprend 28.000 francs de rechanges destinées à l'entretien ultérieur de la conduite d'amenée.

Le total des dépenses s'élèvera pour la distribution à 374.503f95 se décomposant ainsi :

Travaux en régie (lavoirs, abreuvoirs, etc.)............	35.000.00
Travaux à l'entreprise :	339.503.95
Total égal :	374.503.95

L'ensemble des dépenses s'élèvera donc à un total de 2.283.247f35 et les crédits nécessaires ont été ou seront entièrement assurés par le Budget ordinaire des exercices 1902 et 1903.

LÉGISLATION

13 janvier 1902. — Arrêté portant promulgation de la loi du 13 décembre 1901 prorogeant le privilège des Banques coloniales et des statuts desdites banques.

18 janvier. — Arrêté promulguant, dans la colonie de la Guinée française, le décret du 21 décembre 1901, qui modifie l'article 52 des statuts annexés au décret du 29 juin 1901, instituant la Banque de l'Afrique occidentale.

22 février. — Arrêté organisant le service de l'Immatriculation.

5 mars. — Arrêté portant modification de l'organisation politique du Fouta-Djalon.

10 mars. — Arrêté dénommant le nouvel hôpital de Conakry « *Hôpital Ballay* ».

12 mars. — Arrêté relatif à l'ouverture d'une école d'enseignement maternel à Boké.

24 mars. — Arrêté fixant la répartition des postes de douane sur la frontière terrestre de la République de Libéria.

24 mars. — Arrêté portant le supplément colonial des agents et sous-agents métropolitains des postes et télégraphes au double de leur solde d'Europe.

15 avril. — Arrêté sur les concessions rurales.

15 avril. — Arrêté déterminant les conditions dans lesquelles peuvent être concédées les terres domaniales des territoires d'administration directe en dehors des périmètres urbains et suburbains.

22 avril. — Arrêté portant modification des tarifs de transport de l'aviso local.

1er mai. — Arrêté relatif aux mandats-poste coloniaux à délivrer aux chefs de détachement de troupes dans la Guinée.

13 mai. — Décision fixant le mode d'acquittement des frais des colis postaux à destination de l'intérieur.

23 mai. — Arrêté promulguant dans la Colonie le décret du 21 janvier 1882.

23 mai. — Arrêté portant promulgation dans la Colonie du décret du 9 janvier 1902.

24 mai. — Arrêté déterminant la part d'autorité qui revient au capitaine et au mécanicien du vapeur *le Conakry* et régularisant le service à bord.

26 mai. — Arrêté promulguant dans la Colonie les décrets du 8 février 1902, 15 avril 1902 et 23 mars 1901.

23 juin. — Décision constituant en région les cercles de Kadé, Boussourah, Labé et la circonscription de Yambering.

27 juin. — Arrêté portant promulgation du décret du 29 mai 1902 relatif aux mandats-poste coloniaux.

Décret du 6 août 1901, modifié par celui du 15 avril 1902, portant réorganisation du service de la Justice à la Guinée française, à la côte d'Ivoire et au Dahomey.

19 juillet. — Arrêté portant fixation de l'indemnité de responsabilité à allouer aux agents chargés des magasins dans les divers postes de la Colonie.

29 juillet. — Décision portant réglementation du service des feux de port de Matakon et Victoria.

1er août. — Arrêté réorganisant le Service de santé du chemin de fer.

11 août. — Arrêté déterminant les peines disciplinaires applicables au personnel du chemin de fer.

15 septembre. — Arrêté fixant le taux et la valeur de la ration à allouer au personnel du chemin de fer.

17 septembre. — Circulaire à Messieurs les Administrateurs et Commandants de cercle au sujet des mesures concernant la justice indigène.

20 octobre. — Arrêté portant promulgation du décret du 1er octobre 1902, relatif à la réorganisation du gouvernement général de l'Afrique occidentale.

17 octobre. — Arrêté portant fixation de droit d'enregistrement sur les permis miniers.

18 octobre. — Décision réunissant les cercles de Kouroussa, Kankan et Siguiri en une seule circonscription administrative et politique.

1er novembre. — Arrêté promulguant dans la Colonie les décrets des 17 janvier et 6 septembre 1902 sur les sociétés de secours mutuels.

21 novembre. — Arrêté promulguant dans la Colonie le décret du 27 septembre 1902 qui constitue le Gouverneur de la Guinée française, ordonnateur secondaire pour les dépenses militaires à effectuer dans cette Colonie.

15 novembre. — Arrêté promulguant dans la Colonie le décret du 15 octobre 1902 qui institue le Conseil de gouvernement de l'Afrique occidentale.

23 novembre. — Arrêté promulguant le décret du 31 octobre 1902 qui réorganise les Conseils de défense aux colonies.

2 décembre. — Arrêté portant fixation d'un droit d'enregistrement sur les polices du Service des eaux.

3 décembre. — Arrêté promulguant dans les colonies et territoires de l'Afrique occidentale française, le décret du 29 août 1902 relatif à l'échange des mandats-poste avec les colonies françaises de la Côte occidentale d'Afrique.

14 décembre. — Arrêté portant promulgation des décrets des 16 juin 1899 et 30 octobre 1902, relatif au personnel dépendant du Ministère de l'Instruction publique mis en service détaché.

CONCLUSION

La voie dans laquelle la Guinée française doit maintenant s'avancer en toute confiance et avec la certitude d'arriver à un but qui la récompensera de ses efforts et la paiera de ses sacrifices, cette voie est à l'heure actuelle toute tracée, c'est la construction d'un chemin de fer traversant les pays Soussous et le Fouta-Djalon, et aboutissant au Niger par la ligne la plus directe.

La construction du chemin de fer de Conakry au Niger, telle est en effet la formule générale susceptible de résoudre tous les problèmes qui se posent aujourd'hui en Guinée avec les données les plus diverses.

Au point de vue stratégique, offensif ou défensif, c'est, pour les troupes, la facilité de se rendre, en 24 heures, de la côte au Niger et du Niger à la côte; c'est la répression immédiate de tout mouvement insurrectionnel; c'est, si nous pouvons dire, la force multipliée par la vitesse.

Administrativement, c'est, pour le personnel, la suppression de ces longs voyages en hamac par l'ardeur du soleil et par les pluies torrentielles, et pour les transports du matériel et des vivres nécessaires à tous les postes, c'est la suppression de ces portages coûteux qui constituent de plus, pour les indigènes, le plus pénible des services.

Au point de vue commercial, c'est la descente rapide des produits riches et aussi celle des produits pauvres, qui n'ont à l'heure actuelle aucun écoulement, sinon dans le pays même de leur production; c'est la montée des marchandises dans des conditions de rapidité, de conservation et de bon marché telles, que nos négociants disposeront, à un moment donné, de grandes facilités pour leurs opérations commerciales. C'est la pénétration des maisons européennes dans les centres les plus riches de l'intérieur où se fonderont plus tard de nouveaux points de traite.

Ainsi des industries pourront se créer, et l'on saura peut-être dans l'avenir utiliser la houille blanche des chutes intarissables qui s'échelonnent à portée de la ligne. L'élevage sera grandement favorisé par l'écoulement immédiat du bétail, qui aujourd'hui arrive fatigué et amaigri sur les marchés, lorsqu'il ne succombe pas pendant la route; mais c'est surtout la culture des produits indigènes, par les indigènes et pour le compte des indigènes, qui est appelée à profiter le plus largement de la facilité des transports, à la condition de leur appliquer des tarifs spéciaux. La suppression des portages à tête d'homme rendra disponible une main-d'œuvre considérable, qui ne saura être mieux utilisée qu'à la culture du coton, du riz, des sésames et des arachides, dans les larges et fertiles vallées de l'intérieur.

Enfin les différentes branches de l'Administration gagneront du temps, facteur qui, au siècle où nous vivons, est infiniment précieux. Est-ce la peine de dire que le médecin pourra aisément se déplacer à une grande distance à l'appel des malades et que ceux-ci pourront plus facilement être transportés; et dans l'ordre judiciaire, que la justice acquerra toute la promptitude désirable; que l'envoi des témoins, des recours en appel, etc..., seront grandement facilités?

Le Trésor pourra envoyer des fonds partout où il sera besoin, et la sécurité des transports rendra ces fonds plus disponibles par la suppression des risques actuels contre lesquels il n'existe pas d'assurances. Mais c'est surtout le Service des postes et télégraphes qui est appelé à profiter le plus largement de l'ordre des choses créé par la voie ferrée; ce service empruntera en effet les poteaux en fer de la ligne télégraphique du railway, dont le fonctionnement est aussi régulier que celui des lignes métropolitaines, et les courriers arriveront sur le Niger avec toute la rapidité de la locomotive.

Le but à poursuivre est donc aujourd'hui placé en pleine

lumière, et nous ajouterons qu'il est entièrement dégagé de tout ce qui pouvait en rendre la visée moins nette, comme de tout ce qui serait de nature à en gêner ou à en retarder la réalisation.

En effet, il est aujourd'hui constaté que, malgré la réputation universelle des hauts plateaux du Fouta-Djalon, la ville de Conakry et même celle de Boké, maintenant assainies, sont les deux points les plus salubres de la Colonie. Avec sa conduite d'eau, dont le fonctionnement est une affaire de jours, avec ses avenues et ses boulevards tous parallèles et perpendiculaires, plantés d'une double ou d'une quadruple rangée d'arbres aboutissant à la plage aux deux extrémités et balayés d'un bout à l'autre par la brise de mer, avec son magnifique hôpital Ballay, son vaste lazaret entouré de tous côtés par la mer, son Boulevard Maritime qui fait le tour de l'île et a asséché tous les marigots, le confort de ses habitations, la mise à portée de tous des vivres frais, ses jardins, ses distractions mêmes, Conakry est à l'abri des épidémies, et la Colonie, dégagée des dépenses d'assainissement, se trouve de ce fait avoir une avance notable sur les colonies voisines. Le port seul est susceptible de donner lieu à de grosses dépenses, mais tel qu'il se comporte déjà, avec les paquebots accostés à son warf et la voie ferrée amenant des wagons rangés en face de leurs panneaux, il réalise presque l'idéal de ce que l'on peut exiger.

La route partant du terminus de la première section du chemin de fer pour aboutir à Kankan, aux confins mêmes de nos territoires, ne demande qu'un entretien annuel, à la suite des pluies torrentielles de l'hivernage. Les divers services sont bien outillés, ceux des Travaux et de la Santé surtout, et il reste peu de chose à faire pour compléter notre réseau télégraphique.

La Colonie est donc libre aujourd'hui des n'avoir qu'un but unique en vue, son chemin de fer : telle peut et doit être sa seule préoccupation ; c'est pour elle la question vitale ; c'est la solution de tous les problèmes posés et la réalisation de tous les progrès désirables dans toutes les branches de l'administration, du commerce, de l'industrie et de l'agriculture. Et elle doit contribuer à atteindre ce but de toutes les forces de son budget, afin de grever le moins possible l'avenir et de rester, le plus possible, maîtresse de ses tarifs.

La Guinée a confiance dans l'avenir, et elle compte sur le crédit de la France pour l'accomplissement de son grand projet. Mais elle n'oublie pas non plus qu'à cet égard, elle devra tout à l'institution du Gouvernement général de l'Afrique occidentale française, et elle est pleinement reconnaissante à ceux qui détiennent aujourd'hui entre leurs mains les destinées de la Colonie.

Conakry, le 30 juin 1903.

TABLE DES MATIÈRES

	Pages.
Finances	1
Douanes	6
Santé	31
Météorologie	42
Travaux publics	44
Flottille locale	82
Imprimerie	83
Postes et Télégraphes	87
Justice	92
Police	96
Prisons	97
Instruction publique	98
Agriculture	100
Route de Conacry au Niger	134
Chemin de fer	141
Conduite d'eau	151
Législation	163
Conclusion	166

TYPOGRAPHIE FIRMIN-DIDOT ET Cie. — MESNIL (EURE).

PLAN d'ENSEMBLE de la PRISON et de la CASERNE de MILICE

Cour des prisonniers de droit commun
Cour des prisonniers de droit commun
N A M
108 places
Cellules pour prévenus
A
E
Hall central
C
Femmes
Prévenus
Punis admin.fs
Fous
Fous
Pharmacie
Couloir
Couloir
Politiques
Détenus
I
Infirmerie 10 places
Européens
Européens
Cour des détenus politiques
Cour de l'Infirmerie et des femmes
Cour des punis administratifs
Cuisine
W.C.
Cour de manœuvre
Batiment pour 24 ménages et 24 célibataires
Galerie
Galerie
Galerie
Galerie
6 Célibataires
6 Célibataires
Bur.
Corps de garde
Couloir
6 célibataires
6 célibataires
Plan de l'Etage
P
mur avec Grille

Profils types des voies publiques construites en 1902

Profil du 3e Boulevard

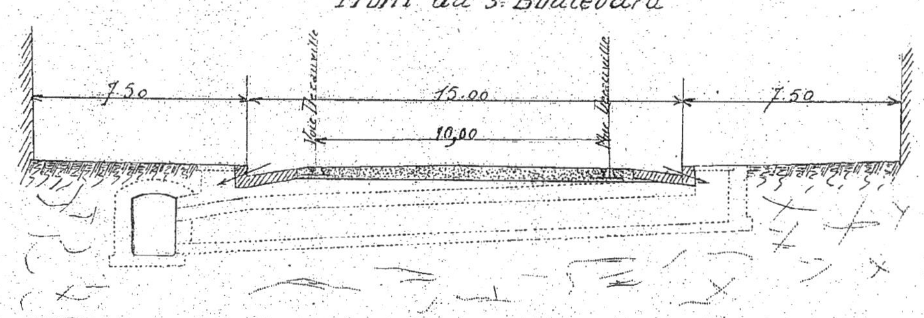

Profil du Boulevard maritime

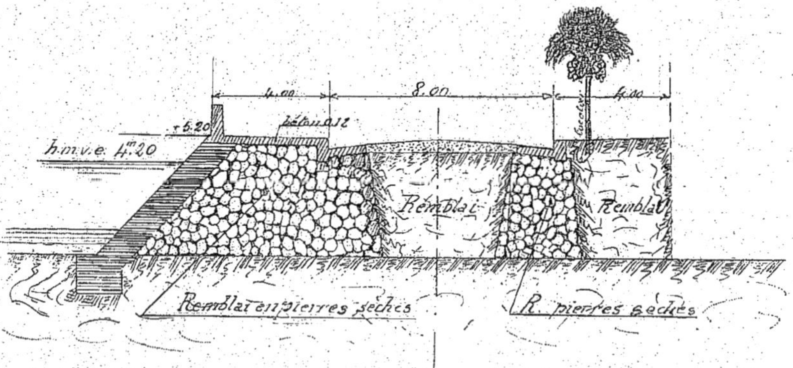

Profil Route Circulaire

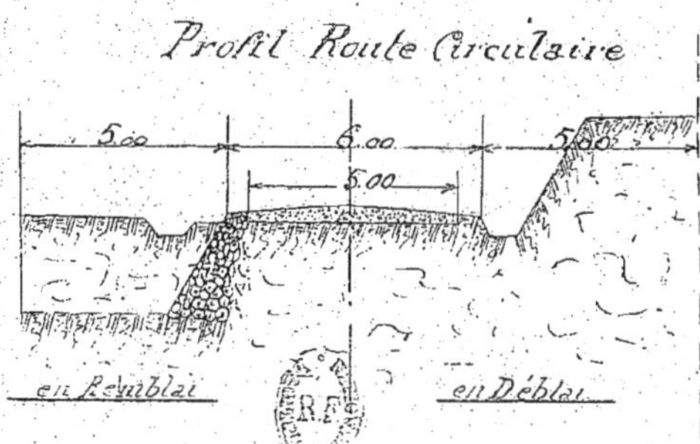

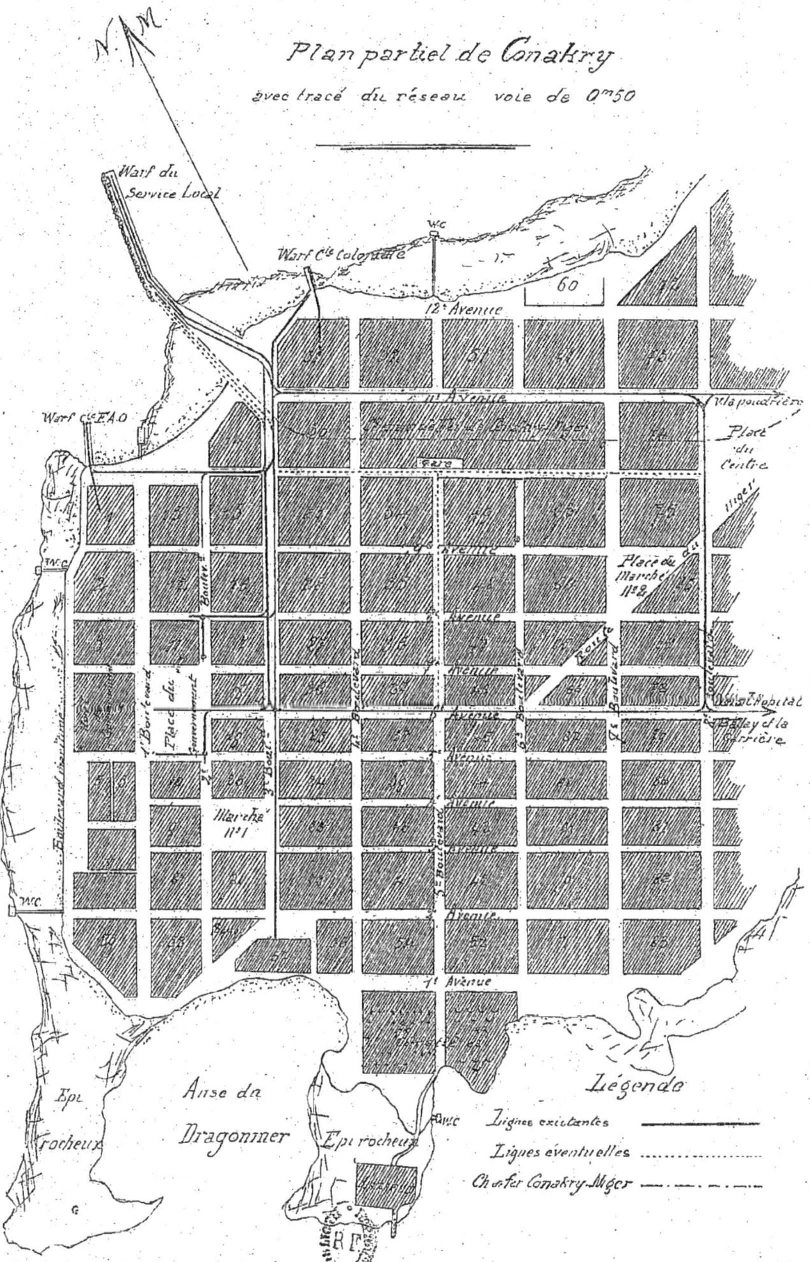

N. M.
Plan partiel de Conakry
avec tracé du réseau voie de 0m50
Warf du Service Local
Warf Cie Coloniale
W.C.
Warf Cie F.A.O.
12e Avenue
11e Avenue
Place du Centre
Gare
Place du Marché No 2
Marché No 1
Place du Gouvernement
1er Boulevard
Boulevard Maritime
1re Avenue
Anse du Dragonnier
Epi rocheux
Légende
Lignes existantes
Lignes éventuelles
Ch. de fer Conakry-Niger

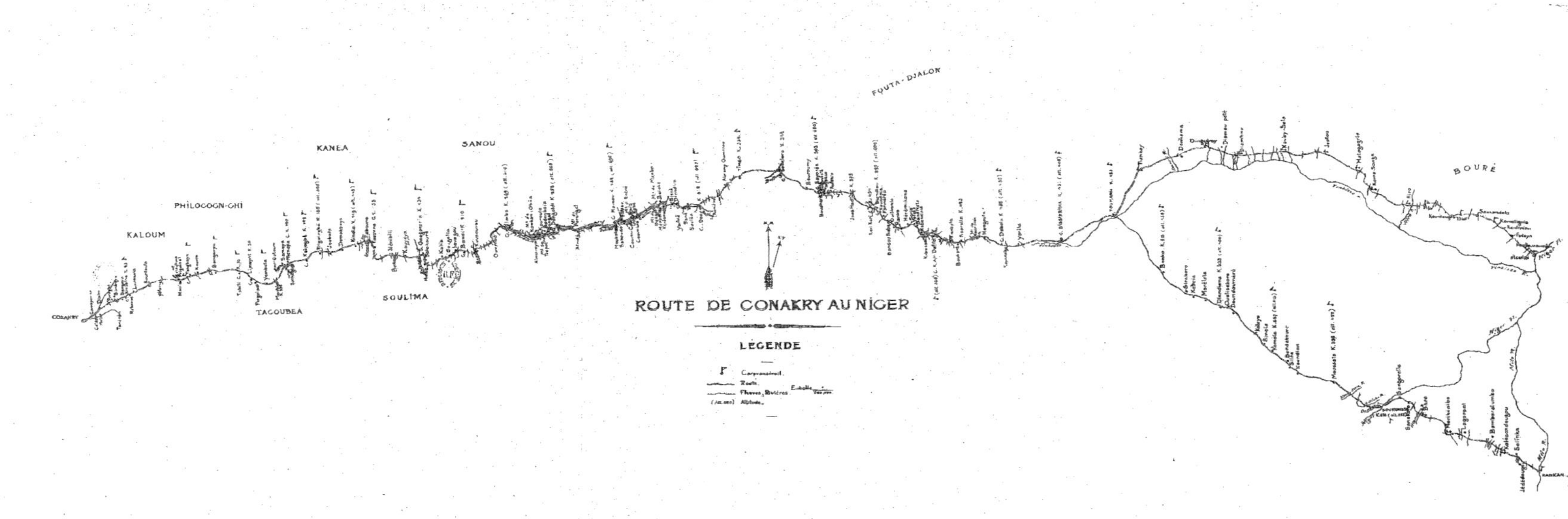
ROUTE DE CONAKRY AU NIGER
LÉGENDE
Campement.
Route.
Fleuves, Rivières.
Altitude.
Échelle
KALOUM
PHILOGOGN-GHI
TAGOUBEA
KANEA
SOULIMA
SANOU
FOUTA-DJALON
BOURÉ

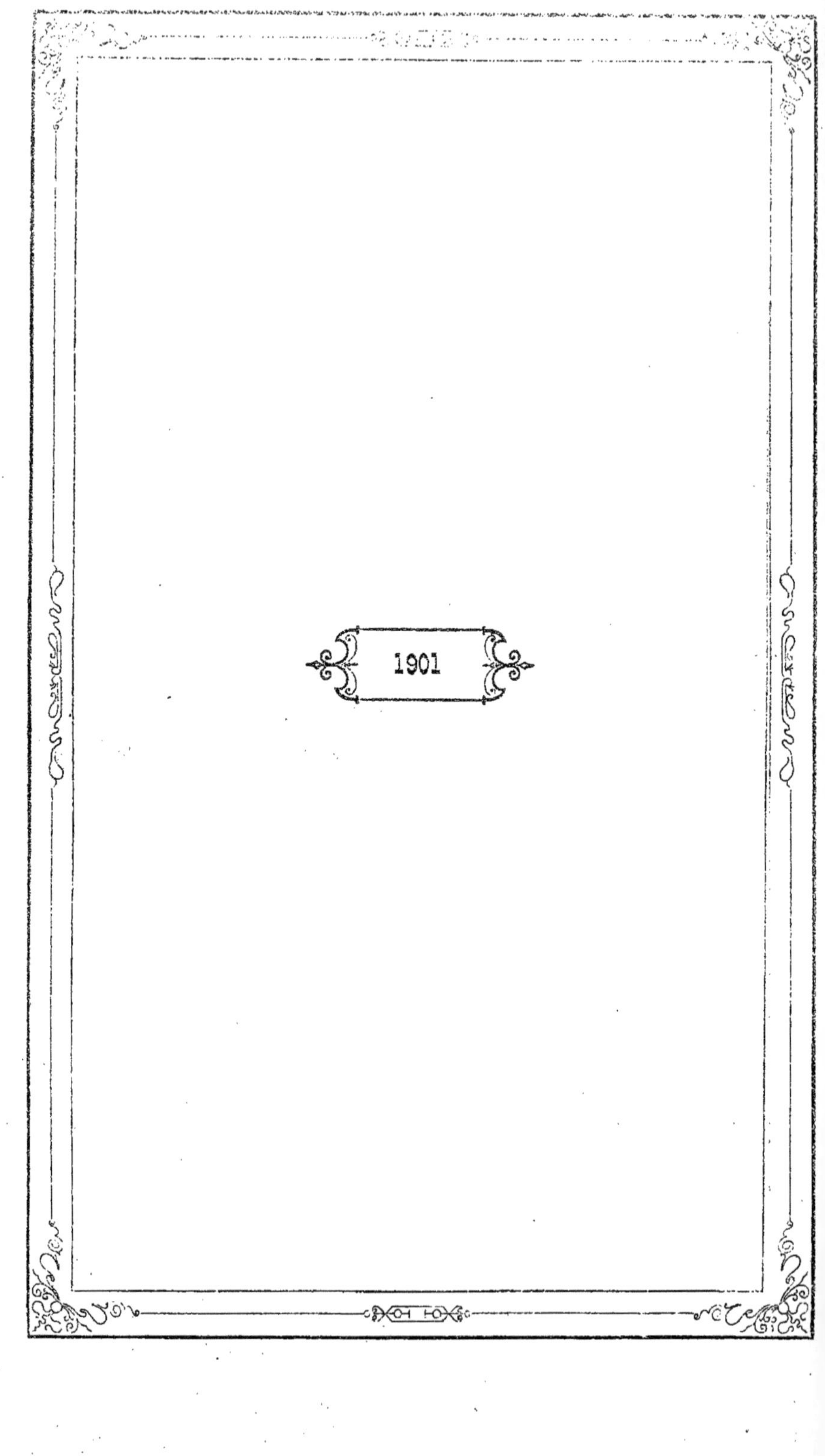
1901

www.ingramcontent.com/pod-product-compliance
Ingram Content Group UK Ltd.
Pitfield, Milton Keynes, MK11 3LW, UK
UKHW020247250726
13967UKWH00004B/1547